Balanced scorecard

Central de Qualidade – FGV Online
ouvidoria@fgv.br

Publicações FGV Online

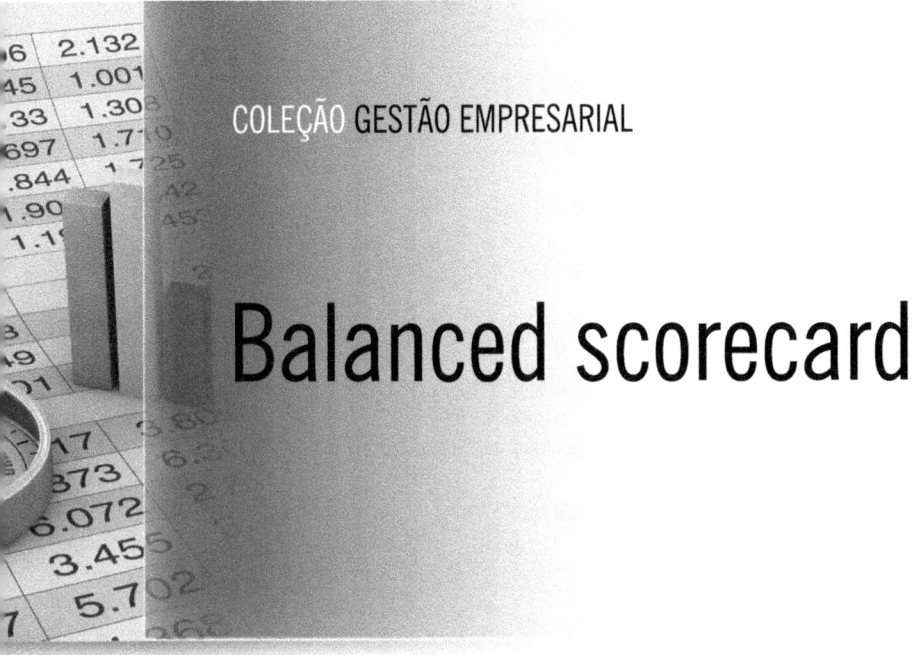

COLEÇÃO GESTÃO EMPRESARIAL

Balanced scorecard

Maria Candida Torres
Alexandre Pavan Torres

FGV | EDITORA ONLINE

Copyright © 2014 Maria Candida Torres, Alexandre Pavan Torres

Direitos desta edição reservados à
EDITORA FGV
Rua Jornalista Orlando Dantas, 37
22231-010 — Rio de Janeiro, RJ — Brasil
Tels.: 0800-021-7777 — 21 3799-4427
Fax: 21 3799-4430
editora@fgv.br — pedidoseditora@fgv.br
www.fgv.br/editora

Impresso no Brasil/*Printed in Brazil*

Todos os direitos reservados. A reprodução não autorizada desta publicação, no todo ou em parte, constitui violação do copyright (Lei nº 9.610/98).

Os conceitos emitidos neste livro são de inteira responsabilidade dos autores.

1ª edição — 2014; 1ª reimpressão — 2014.

Preparação de originais: Tatiana Bernacci Sanchez
Editoração eletrônica: FGV Online
Revisão: Beatriz Sobral Monteiro, Milena Clemente de Moraes e Fátima Caroni
Capa: Aspectos
Imagem da capa: © Lucadp | Dreamstime.com

Torres, Maria Candida
    Balanced scorecard/Maria Candida Torres, Alexandre Pavan Torres. — Rio de Janeiro: Editora FGV, 2014.
    216 p. — (Gestão empresarial (FGV Online))

    Publicações FGV Online.
    Inclui autoavaliações, vocabulário e bibliografia comentada.
    ISBN: 978-85-225-1481-6

    1. Planejamento estratégico. I. Torres, Alexandre Pavan. II Fundação Getulio Vargas. III. FGV Online. IV.Título

CDD — 658.401

A nossa querida Eduarda.

SUMÁRIO

Apresentação	11
Publicações FGV Online	13
Introdução	17
Módulo I – Criação e execução da estratégia	19
Estratégia	22
Criação da estratégia	22
Etapas do sistema gerencial	24
Visão sistêmica da organização	25
Desempenho	25
Execução estratégica	26
Sistema gerencial	27
Desenvolvimento da estratégia	29
Fluxo de planejamento estratégico	29
Coalizão orientadora	30
Desenvolvimento da visão da organização	32
Análise SWOT	35
Análise setorial	38
Rivalidade entre concorrentes	39
Barreiras existentes	40
Fornecedores, compradores e ameaças	41
Planejamento e análise de cenários	42
Fatores críticos de sucesso	44
Tradução da estratégia	47
Estratégia e mapa estratégico	47
Painel e orçamento estratégico	48
Comunicação e desdobramento da estratégia	51
Planejamento de operação	52
Fluxograma funcional de processo	52

Autoavaliações	55
Módulo II – Perspectivas do *balanced scorecard*	**61**
Novo método de avaliação de desempenho	64
Controles financeiros	64
Medidas de desempenho	65
Visão histórica do *balanced scorecard*	66
Início do *balanced scorecard*	66
Gestão da estratégia	66
Vantagens do *balanced scorecard*	68
Uso de *scorecards*	68
Alinhamento empresarial	69
Perspectivas	70
Vantagem competitiva	70
Tradução da estratégia	70
Perspectiva financeira	72
Unidade estratégica de negócio	73
Perspectiva dos clientes	75
Proposta de valor	77
Perspectivas dos processos internos	79
Perspectiva do aprendizado e crescimento	82
Objetivos corporativos	85
Autoavaliações	87
Módulo III – Construção do *balanced scorecard*	**93**
Construção do mapa estratégico	96
Mapa estratégico	96
Relação de causa e efeito	97
Visão geral do mapa	97
Princípios do mapa estratégico	101
Medidas de desempenho no mapa	103
Estratégias	105
Exemplos de temas estratégicos	105
Proposta de valor	106
Equação de valor	106
Mapa de valor e mapa estratégico	107

Expressão *balanced*	108
Comparação	109
Construção dos painéis estratégicos	110
Alvos correspondentes e iniciativas	110
Apresentação das perspectivas	113
Indicadores de desempenho	114

Autoavaliações   **121**

Módulo IV – Operacionalização da estratégia	**129**
Etapas da operacionalização	132
Etapa crítica	132
Alinhamento estratégico	133
Comunicação da estratégia	135
Desdobramento da estratégia	137
Processo de desdobramento	137
Indicador composto	139
Plano de ação	141
Jornada de implementação	141
Plano de ação – formulação e formulário	144

Autoavaliações   **147**

Vocabulário   **153**

Autoavaliações – Gabaritos e comentários	**177**
Módulo I – Criação e execução da estratégia	179
Módulo II – Perspectivas do *balanced scorecard*	185
Módulo III – Construção do *balanced scorecard*	191
Módulo IV – Operacionalização da estratégia	197

Bibliografia comentada   **203**

Autores   **207**

FGV Online   **209**

Apresentação

Este livro faz parte das Publicações FGV Online, programa de educação a distância da Fundação Getulio Vargas (FGV).

A FGV é uma instituição de direito privado, sem fins lucrativos, fundada, em 1944, com o objetivo de ser um centro voltado para o desenvolvimento intelectual do país, reunindo escolas de excelência e importantes centros de pesquisa e documentação focados na economia, na administração pública e privada, bem como na história do Brasil.

Em todos esses anos de existência, a FGV vem gerando e transmitindo conhecimentos, prestando assistência técnica às organizações e contribuindo para um Brasil sustentável e competitivo no cenário internacional.

Com espírito inovador, o FGV Online, desde sua criação, marca o início de uma nova fase dos programas de educação continuada da Fundação Getulio Vargas, atendendo não só aos estudantes de graduação e pós-graduação, executivos e empreendedores, como também às universidades corporativas que desenvolvem projetos de *e-learning*, e oferecendo diversas soluções de educação a distância, como videoconferência, TV via satélite com IP, soluções *blended* e metodologias desenvolvidas conforme as necessidades de seus clientes e parceiros.

Desenvolvendo soluções de educação a distância a partir do conhecimento gerado pelas diferentes escolas da FGV – a Escola Brasileira de Administração Pública e de Empresas (Ebape), a Escola de Administração de Empresas de São Paulo (Eaesp), a Escola de Matemática Aplicada (EMAp), a Escola de Pós-Graduação em Economia (EPGE), a Escola de Economia de São Paulo (Eesp), o Centro de Pesquisa e Documentação de História Contemporânea do Brasil (Cpdoc), a Escola de Direito do Rio de Janeiro (Direito Rio), a Escola de Direito de São Paulo (Direito GV) e o Instituto Brasileiro de Economia (Ibre) –, o FGV Online é parte integrante do Instituto de Desenvolvimento Educacional (IDE), criado em 2003, com o objetivo de coordenar e gerenciar uma rede de distribuição única para os produtos e serviços educacionais produzidos pela FGV.

Visando atender às demandas de seu público-alvo, atualmente, o FGV Online disponibiliza:

- cursos de atualização via *web*, com conteúdos fornecidos por professores das diversas escolas da FGV;
- desenvolvimento e customização de cursos e treinamentos corporativos, via *web*, com conteúdos fornecidos pelo cliente ou desenvolvidos pela própria FGV;
- cursos e treinamentos semipresenciais estruturados simultaneamente com metodologias presencial e a distância;
- cursos e treinamentos disponibilizados por videoconferência, *webcasting* e TV via satélite com IP;
- TV corporativa;
- modelagem e gestão de universidades corporativas;
- jogos de negócios via internet;
- material didático multimídia – apostilas, vídeos, CD-ROMs.

Ciente da relevância dos materiais e dos recursos multimídia em cursos a distância, o FGV Online desenvolveu os livros que compõem as Publicações FGV Online – com foco específico em pós-graduação –, com a consciência de que eles ajudarão o leitor – que desejar ou não ingressar em uma nova e enriquecedora experiência de ensino-aprendizagem, a educação a distância (EAD) – a responder, com mais segurança, às mudanças tecnológicas e sociais de nosso tempo, bem como a suas necessidades e expectativas.

Prof. Rubens Mario Alberto Wachholz
Diretor do IDE

Prof. Stavros Panagiotis Xanthopoylos
Vice-diretor do IDE

Publicações FGV Online

Atualmente, a educação a distância (EAD) impõe-nos o desafio de navegar por um mar de tecnologias da informação e da comunicação (TICs) aptas a veicular mensagens em diferentes mídias.

Especificamente no que se refere à produção de conteúdos para EAD, independentemente da mídia a ser utilizada, vale ressaltar a importância de alguns princípios gerais. Um deles é a necessidade de o conteúdo apresentar integralidade, ou seja, estrutura coerente, objetiva e completa, já que, ao contrário da prática presencial, as "entrelinhas" do livro didático ou do arquivo *powerpoint* que subsidia as aulas não poderão ser preenchidas, em tempo real, pelo professor.

A modularidade também é muito importante: materiais modulares são alterados mais facilmente, em função do perfil do público-alvo ou de atualizações de conteúdo. Ademais, a modularidade também é uma importante estratégia para o aumento da escalabilidade da oferta de conteúdos em EAD, visto que a construção de unidades mínimas, autônomas e portáteis de conteúdo – os chamados objetos de aprendizagem (OAs) – favorece a criação de múltiplas combinações, que podem ser compartilhadas por diferentes sistemas de aprendizado.

Outro princípio inclui o planejamento de estratégias para atrair a participação dos estudantes que, em sua maioria, não estão acostumados à disciplina necessária ao autoestudo. Assim, é um erro acreditar que não precisamos investir – e muito – em práticas motivacionais na EAD. Por isso, participação e interação precisam ser estruturadas, por meio de jogos, atividades lúdicas, exemplos que favoreçam o desenvolvimento do pensamento dedutivo... donde a importância da simulação e da variedade para atender a motivações diversas, mantendo, assim, a atenção dos estudantes e diminuindo os índices de evasão na EAD.

Repetição e síntese também são princípios que não devem ser esquecidos. Ao mesmo tempo em que oferecem reforço, compensando distrações no ato de leitura – audição, visualização – dos conteúdos e limitações da memória, favorecem a fixação de informações.

Dentre todos esses princípios, entretanto, talvez o mais importante seja o padrão de linguagem utilizado. O caráter dialógico da linguagem – a interação – é um fator determinante da construção do conhecimento. Desse modo, a linguagem a ser empregada é aquela capaz de destacar a dimensão dialógica do ato comunicativo, e não diminuir a voz do estudante. O tom de conversação, portanto, deve ser preferido ao acadêmico. O uso da 1ª pessoa do discurso, a inserção de relatos, exemplos pessoais, frases e parágrafos curtos, bem como de perguntas constituem algumas das estratégias dos profissionais de criação em EAD para dar à linguagem uma face humana individualizada e reconhecível pelos estudantes.

O desenvolvimento de materiais para EAD baseados na *web* não requer menos cuidados. O mesmo tipo de criatividade presente na elaboração do conteúdo deve estar refletido no *layout* de cada tela/página em que ele estará disponível *on-line*. Legibilidade, acessibilidade e navegabilidade são parâmetros que devem nortear desde a construção do *storyboard* (o desenho inicial) do curso até sua finalização.

Na organização do conteúdo *on-line*, sobretudo, a multiplicidade de recursos à disposição dos profissionais de criação é tão útil como perigosa, demandando excessivo cuidado no uso dos elementos mais aptos a facilitar o aprendizado: imagens fixas e cinéticas (gráficos, esquemas, tabelas, fotos, desenhos, animações, vídeos), *hiperlinks*, textos e sons. Até mesmo os espaços em branco – nas páginas impressas ou *on-line* – representam instantes de silêncio que podem favorecer a reflexão dos estudantes, ou seja, usar tudo e de uma só vez não é sinônimo de eficácia e qualidade.

Por exemplo: não podemos ler e ver, ao mesmo tempo; assim, ou as imagens ilustram os textos ou os textos fornecem legendas para as imagens, o que precisa ser planejado. Por sua vez, *hiperlinks* com sugestões de leituras complementares, comentários, verbetes, endereços para pesquisas em *sites*, etc. precisam constituir uma rede desenhada com critério, capaz de, simultaneamente, facilitar o aprendizado e abrir novos caminhos para o aprofundamento de conteúdos ou criarão um caos por onde, dificilmente, o estudante conseguirá navegar com segurança e eficácia.

Partindo da experiência obtida na construção de materiais didáticos para soluções educacionais a distância, o FGV Online desenvolveu as Publicações FGV Online, que visam oferecer suporte aos estudantes que ingressam nos cursos a distância da instituição e oferecer subsídios para que o leitor possa-se atualizar e aperfeiçoar, por meio de mídia impressa, em diferentes temas das áreas de conhecimento disponíveis nas coleções:

- Direito;
- Economia;
- Educação e comunicação;
- Gestão da produção;
- Gestão de marketing;
- Gestão de pessoas;
- Gestão de projetos;
- Gestão empresarial;
- Gestão esportiva;
- Gestão financeira;
- Gestão hospitalar;
- Gestão pública;
- Gestão socioambiental;
- História e ética.

Portanto, ainda que o estudante, aqui, não tenha acesso a todos os recursos próprios da metodologia utilizada e já explicitada para construção de cursos na *web* – acesso a atividades diversas; jogos didáticos; vídeos e desenhos animados, além de biblioteca virtual com textos complementares de diversos tipos, biografias das pessoas citadas nos textos, *links* para diversos *sites*, entre outros materiais –, encontrará, nos volumes da coleção, todo o conteúdo a partir do qual os cursos do FGV Online são desenvolvidos, adaptado à mídia impressa.

A estrutura de cada volume de todas as coleções das Publicações FGV Online contempla:

- conteúdo dividido em módulos, unidades e, eventualmente, em seções e subseções;
- autoavaliações distribuídas por módulos, compostas por questões objetivas de múltipla escolha e gabarito comentado;
- vocabulário com a explicitação dos principais verbetes relacionados ao tema do volume e utilizados no texto;
- bibliografia comentada, com sugestões de leituras relacionadas ao estado da arte do tema desenvolvido no volume.

Direcionar, hoje, a inventividade de novos recursos para ações efetivamente capazes de favorecer a assimilação de conteúdos, a interação e o saber pensar pode ser, realmente, o desafio maior que nos oferece a produção de materiais não só para a EAD mas também para quaisquer fins educacionais, pois os avanços tecnológicos não param e as mudanças dos novos perfis geracionais também são contínuas.

Para isso, precisamos aprender a viver perigosamente, experimentando o novo... e a inovação provém de quem sabe valorizar as incertezas, superar-se nos erros, saltar barreiras para começar tudo de novo... mesmo a experiência mais antiga, que é educar.

Prof. Stavros Panagiotis Xanthopoylos
Vice-diretor do IDE e
coordenador das Publicações FGV Online – pós-graduação

Profa. Mary Kimiko Guimarães Murashima
Diretora de Soluções Educacionais do IDE e
coordenadora das Publicações FGV Online – pós-graduação

Introdução

Cada vez mais, as empresas estão diante de desafios, dificuldades, ameaças e oportunidades, processos pelos quais nunca tiveram de passar. Hoje, o ambiente externo se faz presente e atuante, sendo marcado por um conjunto de variáveis complexas. Essas variáveis interferem direta e indiretamente nas ações das empresas. Um dos problemas aqui identificados é o fato de as empresas nem sempre conseguirem obter informações que lhes possibilitem identificar, interpretar e decidir sobre o que as está afetando. Em vista disso, nos dias de hoje, destaca-se a importância do *balanced scorecard* (BSC), que possibilita e facilita a comunicação mais clara da estratégia, o *feedback* estratégico, auxilia no alinhamento estratégico e verifica se a empresa está obtendo resultados com a estratégia adotada.

O ambiente competitivo, nos dias atuais, exige mudanças profundas e velozes, forçando as empresas a aprimorarem suas práticas de gestão. Abordaremos o planejamento e a definição dos objetivos estratégicos e seu desdobramento nos demais níveis da organização. Dessa forma, pretendemos ajudar na identificação de objetivos ligados à estratégia e à verificação do gerenciamento, direcionando a organização a tomar decisões mais adequadas, para que possa dispor de processos internos mais ágeis, fornecer produtos superiores com menor tempo de entrega, desenvolver maior rapidez e eficiência dos serviços, conseguir maior produtividade e desenvolver a inovação. Sob esse foco, este livro está estruturado em quatro módulos.

No módulo I, abordaremos a visão sistêmica da organização, o desenvolvimento da estratégia em seus estágios. Apresentaremos uma metodologia de como formar uma equipe de planejamento, que chamamos de coalizão orientadora. Veremos as atividades preliminares para o desenvolvimento da visão da organização, da missão, dos valores, da análise do ambiente, da análise setorial, do planejamento e da análise de cenários, dos fatores críticos de sucesso e ainda como definir temas estratégicos, a tradução e o alinhamento da estratégia e a criação do *balanced scorecard* com o orçamento estratégico, o alinhamento da estratégia, o planejamento da operação, o monitoramento da estratégia e do aprendizado, e os testes e adaptações da estratégia.

Veremos, no módulo II, como as quatro perspectivas do *balanced scorecard* influenciam as diferentes estratégias de uma empresa – perspectiva financeira, de clientes, de processos internos, de aprendizado e crescimento.

No módulo III, discutiremos e construiremos o mapa estratégico e as relações de causa-efeito, a criação da proposta de valor para o cliente, os temas estratégicos, a quantidade de objetivos em cada perspectiva. Veremos ainda como construir os painéis estratégicos, o mapa estratégico para as organizações com fins lucrativos e sem fins lucrativos e o desenvolvimento de indicadores de desempenho, bem como *drivers* e *outcomes* e exemplos de indicadores.

Veremos, no módulo IV, como ocorre o alinhamento estratégico das unidades de negócio, unidades de apoio e pessoas, o desdobramento da estratégia na organização, o processo de integração horizontal, o processo de integração vertical, tradução dos painéis estratégicos em planos de ação, o plano de ação propriamente dito, o desenvolvimento de um sistema de relatórios para o *balanced scorecard* e os cuidados durante a fase de implementação.

O autor

Módulo I – Criação e execução da estratégia

Módulo I – Criação e execução da estratégia

Neste módulo, abordaremos a visão sistêmica da organização, o desenvolvimento da estratégia em seus estágios. Apresentaremos uma metodologia de como formar uma equipe de planejamento, que chamamos de *coalizão orientadora*. Veremos as atividades preliminares para o desenvolvimento da visão da organização, missão, valores, análise do ambiente, análise setorial, planejamento e análise de cenários, fatores críticos de sucesso e ainda como definir temas estratégicos, a tradução e o alinhamento da estratégia e a criação do *balanced scorecard* com o orçamento estratégico, o alinhamento da estratégia, o planejamento da operação, o monitoramento da estratégia e aprendizado, e os testes e adaptações da estratégia.

Estratégia

Criação da estratégia

A criação da estratégia é um caminho para que as organizações conquistem vantagens competitivas e novos patamares de desempenho. Entretanto, uma boa estratégia não garante bons resultados caso ocorram falhas em sua execução, assim como uma boa execução não garante resultados, uma vez que a estratégia criada pode conter falhas.

O caminho mais seguro para que a organização conquiste vantagens competitivas e resultados superiores surge com a conjugação e o sincronismo de uma estratégia superior, a execução daquilo que foi planejado, a provisão dos recursos necessários e o aprendizado estratégico.

Administração estratégica é uma administração do futuro que, de forma estruturada, sistêmica e intuitiva, consolida um conjunto de princípios, normas e funções para alavancar harmoniosamente o processo de planejamento da situação futura desejada da empresa como um todo e seu posterior controle perante os fatores ambientais, bem como a organização e direção dos recursos empresariais de forma otimizada com a realidade ambiental, com a maximização das relações interpessoais.[1]

Em sentido mais amplo, administração estratégica consiste em decisões e ações administrativas que auxiliem a assegurar que a organização formula e mantém adaptações benéficas com seu ambiente. Desse modo, os administradores estratégicos avaliam suas empresas derivando pontos fortes e pontos fracos. Manter um ajuste compatível entre o negócio e seu ambiente é necessário para a viabilidade competitiva. Tanto o ambiente quanto a organização modificam-se com a passagem do tempo. Esse processo constitui um interesse constante para a administração.[2] Para compreendermos melhor o conceito de administração estratégica, apresentamos alguns comentários sobre estratégia.

Segundo Serra, Torres e Torres,[3] o conceito de estratégia empresarial tem suas raízes na liderança militar. A palavra *estratégia*, em grego anti-

---

[1] OLIVEIRA, D. P. R. *Excelência na administração estratégica*: a competitividade para administrar o futuro das empresas. 2. ed. São Paulo: Atlas, 1995. p. 28.
[2] WRIGHT, P. L.; KROLL, M. J.; PARNELL, J. *Administração estratégica*: conceitos. São Paulo: Atlas, 2000. p. 25.
[3] SERRA, F. A. R.; TORRES, M. C. S.; TORRES, A. P. *Administração estratégica*: conceitos, roteiro prático e casos. Rio de Janeiro: Reichman e Affonso Editores, 2004.

go, significa a qualidade e a habilidade do general, ou seja, a capacidade do comandante levar a cabo as campanhas militares. A estratégia é a forma com a qual a organização pretende alcançar o que foi definido na missão e nos objetivos, por meio de resultados consistentes e que são vistos por três pontos de vantagem:

- formulação da estratégia;
- implementação;
- controle estratégico.

Alfred Chandler Jr.[4] afirma que "a estratégia como a determinação de metas e objetivos básicos a longo prazo de uma empresa bem como a adoção de cursos de ação e alocação de recursos necessários à consecução dessas metas".

Para Kenichi Omae,[5] a estratégia corporativa é:

> *[...] em duas palavras, vantagem competitiva. O único objetivo do planejamento estratégico é capacitar a empresa a ganhar de maneira mais eficiente possível, uma margem sustentável, sobre os seus concorrentes. A estratégia corporativa, deste modo, significa uma tentativa de alterar o poder de uma empresa em relação ao dos seus concorrentes, da maneira mais eficaz.*

Para Hunger e Wheelen,[6] "a estratégia de uma corporação é o plano-mestre abrangente que estabelece como a organização alcançará a sua missão e seus objetivos".

Diante dessas definições, podemos concluir que a estratégia empresarial é um conjunto dos meios que uma organização utiliza para alcançar seus objetivos. Tal processo envolve decisões que definem os produtos e serviços para determinados clientes e mercados e a posição da empresa em relação a seus concorrentes.

Segundo Torres,[7] desde 1984, menos de 5% das empresas da lista das 500 maiores e melhores empresas do país – publicada pela revista

---

[4] CHANDLER Jr., Alfred. *Strategy and structure*. Boston: MIT Press, 1962.
[5] OHMAE, Kenichi. *The mind of the strategist*: business planning for competitive advantage. New York: Penguin Business Library, 1982.
[6] HUNGER, J. D.; WHEELEN. T. *Strategic management*. 5. ed. Reading, MA: Addison Wesley Longman, 1995.
[7] TORRES, Alexandre Pavan. *Estudo do declínio em uma empresa brasileira*: o caso da Gradiente Eletrônica. Tese de Doutorado, UFSC, 2010.

Exame – foram capazes de manter o lucro líquido no quartil superior por mais de cinco anos consecutivos.

Essa observação sugere que o aumento da competitividade está esmagando as margens das empresas. Para mudar essa realidade, as empresas precisam criar vantagens competitivas sustentáveis por meio de estratégias vencedoras.

O conceito de lucratividade de clientes é muito importante, uma vez que permite a análise do retorno dos investimentos feitos nessa direção. De forma mais detalhada, a lucratividade de clientes é uma medida do lucro líquido de clientes, isto é, do lucro obtido após descontados todos os custos e todas as despesas do valor recebido pela empresa por meio das negociações e compras dos clientes.

A criação de uma estratégia vencedora deve, preferencialmente, considerar as dimensões internas e externas e as dimensões temporais, além de valorizar o pensamento criativo dos participantes do processo de criação da estratégia, a cultura da organização, os recursos organizacionais preexistentes. Porém, uma estratégia superior não produz resultados se não for executada com êxito.

Etapas do sistema gerencial

Em seu artigo "Mastering the management system", Kaplan e Norton[8] apresentam uma proposta para o sistema gerencial em cinco etapas:

- desenvolver a estratégia;
- traduzir a estratégia;
- planejar as operações;
- monitorar e aprender;
- testar e adaptar a estratégia.

Entretanto, em seu livro *A execução premium*,[9] o sistema é apresentado em seis etapas, incluindo a etapa *alinhar a organização*, que precede a etapa *planejar as operações*.

---

[8] KAPLAN, R. S.; NORTON, D. P. Mastering the management system. *Harvard Business Review*, Boston, MA, Jan. 2008.

[9] KAPLAN, R. S.; NORTON, D. P. *A execução premium*: a obtenção de vantagem competitiva através do vínculo da estratégia com as operações do negócio. Rio de Janeiro: Elsevier, 2008.

Diante dessa discordância, optamos por apresentar um modelo adaptado de cinco etapas, juntando as etapas de *tradução da estratégia* e *alinhamento da organização*.

Apresentaremos a visão sistêmica da organização inserida em seu ambiente de negócio, os estágios que compõem o sistema gerencial de ciclo fechado e a integração entre o processo de criação e a execução da estratégia com o uso do *balanced scorecard*, por meio de um sistema gerencial de ciclo fechado proposto por Kaplan e Norton.

Visão sistêmica da organização

Desempenho

Na figura 1, temos a representação de uma organização que almeja conquistar um novo patamar de desempenho (D futuro) tendo como referência seu desempenho atual (D atual).

Figura 1
VISÃO SISTÊMICA DA ORGANIZAÇÃO

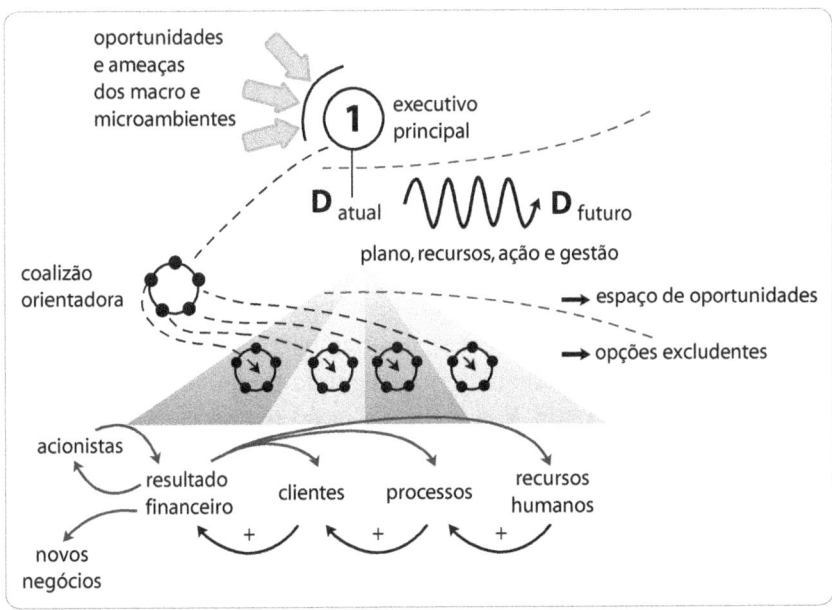

Enquanto o desempenho atual representa o resultado da organização no presente, como consequência das decisões tomadas e das posições conquistadas, ou seja, onde a organização está, o desempenho futuro representa o resultado a ser alcançado, pela alta administração, por meio da consecução de um superobjetivo imaginado para um futuro de médio ou longo prazo, ou seja, onde a organização almeja chegar.

A figura 1 mostra que existe um espaço de oportunidades onde a alta administração poderá imaginar seu novo patamar de desempenho e conduzir suas ações. Esse espaço é delimitado não somente pelas escolhas dos executivos, como também pelo conjunto de opções excludentes que define um espaço a ser evitado pela organização.

Os valores essenciais da organização definem o limite entre o espaço de oportunidades e o espaço das opções excludentes, por exemplo, uma organização que tem a ética como valor essencial, jamais irá explorar o espaço das opções excludentes com atitudes não éticas.

Outro fator que define o espaço de oportunidades para a organização é o segmento de mercado que a organização pretende explorar. Como exemplo, pode-se citar o lançamento do *tablet Surface* pela Microsoft, em 2012.

Execução estratégica

A criação da estratégia é um caminho para que as organizações conquistem vantagens competitivas e novos patamares de desempenho. Uma boa estratégia, porém, não garante bons resultados caso ocorram falhas em sua execução, assim como uma boa execução não garante resultados, uma vez que a estratégia criada pode conter falhas. Portanto, uma boa execução deve ser precedida de uma boa estratégia.

A execução da estratégia, e não sua criação, tem sido apontada como o maior problema pelas organizações. Segundo pesquisa publicada pela revista *Fortune*, na maioria dos fracassos o problema verdadeiro não é má estratégia e sim má execução. Logo, o plano estratégico só tem sentido ser for conjugado com a ação estratégica, o provisionamento dos recursos necessários e um sistema de gestão que forneça um *feedback* estratégico.

Para que a organização se mantenha no rumo do desempenho desejado, ela precisa estar atenta ao desempenho de quatro áreas distintas, ou seja, *gestão de pessoas*, *processos*, *clientes* e *resultado*. Entre essas áreas, é esperado que relações do tipo *causa-efeito* em cascata conduzam a organização para o novo patamar de desempenho. Se a organização desenvolver as competências de seus recursos humanos e um clima organizacional para a mudança, é esperado que isso cause um impacto positivo com a melhoria dos processos internos. A criação de valor para o *cliente-alvo* por meio do aprimoramento dos processos internos tende, por sua vez, a atrair e a reter clientes que, por fim, contribuem para gerar receita e manter os fluxos de caixa da organização.

A manutenção do fluxo de caixa dependerá da estratégia adotada, da compreensão das relações tipo *causa-efeito* e da habilidade em tomar decisões sobre, por exemplo, investimentos, dividendos e financiamentos.

As relações tipo *causa-efeito* e todas as decisões que a organização deverá tomar ao longo de sua jornada em busca de um novo patamar de desempenho sugerem que a organização busque um processo mais adequado para a execução de sua estratégia.

Sistema gerencial

Observando os problemas relacionados à execução da estratégia pelas organizações, Kaplan e Norton[10] desenvolveram um sistema gerencial para a integração do planejamento estratégico à execução operacional em cinco estágios. Vejamos sua representação na figura 2.

---

[10] KAPLAN, R. S.; NORTON, D. P. *A execução premium*: a obtenção de vantagem competitiva através do vínculo da estratégia com as operações do negócio. Rio de Janeiro: Elsevier, 2008.

Figura 2
SISTEMA GERENCIAL PARA A INTEGRAÇÃO DO PLANEJAMENTO ESTRATÉGICO À EXECUÇÃO OPERACIONAL

As mudanças no ambiente onde as organizações estão inseridas irão impor mudanças na forma como essas organizações trabalham e geram valor para o cliente. As organizações precisarão criar novas estratégias de forma a reagir ao ambiente, ou partirão na frente, criando estratégias que irão moldar seu ambiente no futuro. Independentemente de qual caso ocorra, a criação de novas estratégias faz com que a organização rode, continuamente, o ciclo dos cinco estágios.

Desenvolvimento da estratégia

Fluxo de planejamento estratégico

A estratégia deverá ser registrada em um plano estratégico que servirá como referência documental para sua implementação. O plano estratégico é o documento que irá nortear o planejamento das diferentes unidades de negócio da organização bem como o desenvolvimento dos demais planejamentos. Existem inúmeras propostas metodológicas de planejamento estratégico. Na figura 3, apresentamos um fluxo de planejamento estratégico com *balanced scorecard* incorporado.

Figura 3
FLUXO DE PLANEJAMENTO ESTRATÉGICO COM BSC

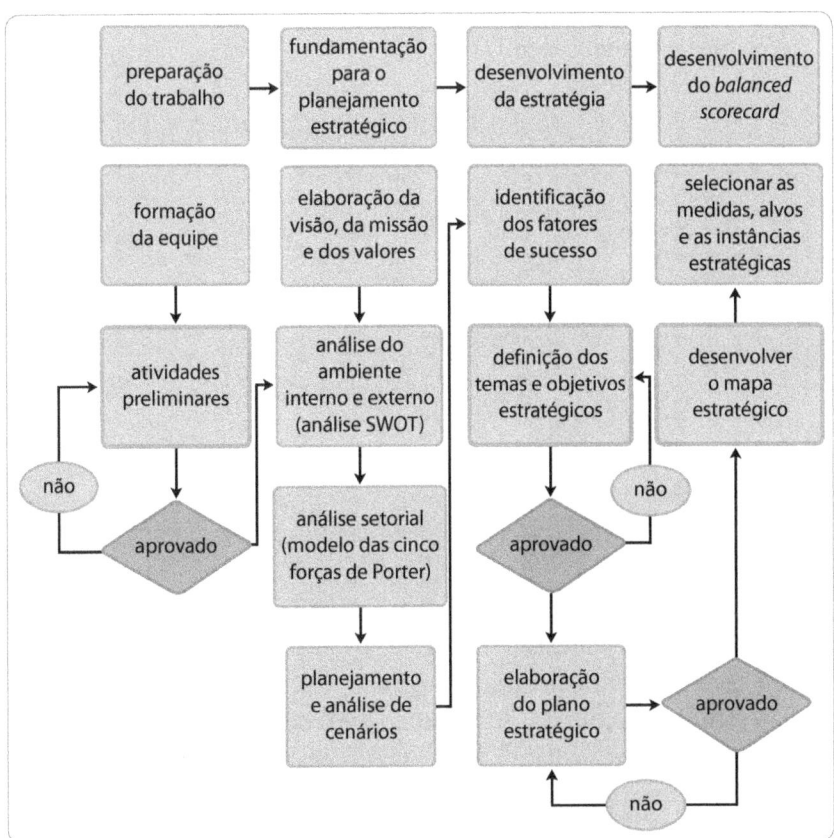

Coalizão orientadora

Para que a organização saia do desempenho atual e siga rumo ao desempenho desejado representado por D futuro, ela precisará de uma equipe de planejamento, aqui denominada *coalizão orientadora*. A equipe não só ficará responsável pela criação da estratégia mas também pela implementação e gestão da estratégia. A equipe de coalizão é formada pelos integrantes da alta administração, diretores, gerentes e outras pessoas-chave de diferentes áreas da organização que possuem competência para contribuir com o processo de criação da estratégia.

Uma enfermeira-chefe, por exemplo, pode ter um amplo conhecimento das expectativas dos pacientes, seus familiares e médicos, além de conhecer as deficiências e os entraves burocráticos na logística e no atendimento aos pacientes e médicos. Nesse sentido, essa enfermeira-chefe seria uma possível candidata para compor a coalizão estratégica.

Vejamos a figura a seguir:

Figura 4
COALIZÃO ORIENTADORA

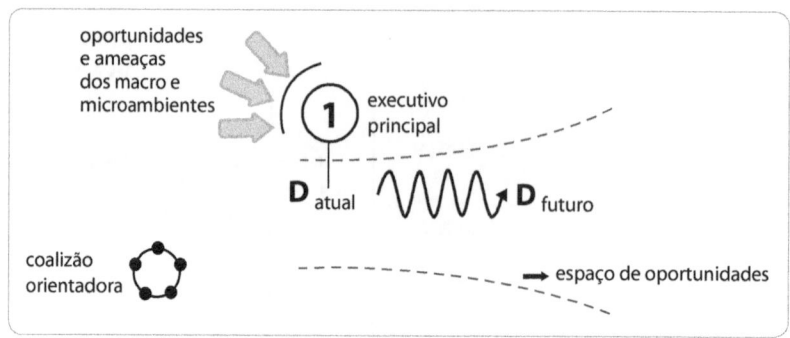

Como toda equipe, deve haver um responsável que irá coordenar as atividades do planejamento estratégico. Uma possibilidade interessante é que o executivo principal lidere a agenda, e uma segunda pessoa, com conhecimento do processo de planejamento, coordene as atividades de planejamento estratégico, incluindo as reuniões de trabalho. Essa segunda pessoa pode ser um membro interno da organização com fácil acesso e bom relacionamento com os demais membros da coalizão orientadora ou um consultor externo.

A primeira missão da equipe de coalizão orientadora é a criação da estratégia. Para isso, deverá considerar o ambiente interno e o ambiente externo, uma vez que as organizações sofrem influências constantes do macro e do microambiente.

As influências do macroambiente se devem a fatores:

- políticos;
- econômicos;
- sociais, tecnológicos;
- ambientais;
- legais e culturais.

As pressões do microambiente são originadas por elementos mais próximos da organização, como a pressão da concorrência, por exemplo. A análise das oportunidades, das ameaças e dos riscos do ambiente que afetam a organização tem um papel fundamental não somente para a definição do superobjetivo (D futuro) no espaço de oportunidades mas também durante a jornada da organização, na conquista do superobjetivo definido.

O responsável por coordenar as atividades do planejamento estratégico deverá:

- reunir as informações recentes e históricas da organização;
- agendar as reuniões preliminares;
- preparar um cronograma de trabalho;
- organizar e coordenar as reuniões de trabalho;
- organizar e consolidar o documento final – plano estratégico.

Desenvolvimento da visão da organização

Segundo Collins e Porras,[11] o primeiro componente da *visão da organização* é a *ideologia essencial* que consiste em duas partes distintas:

- os valores essenciais que representam um conjunto de princípios e preceitos norteadores;
- o propósito essencial que representa a missão da organização.

O segundo componente refere-se ao *futuro imaginado* para a organização. Os valores, a missão e a visão têm sido utilizados pelas organizações para transmitir sua ideologia e metas audaciosas para o futuro. Vejamos a figura a seguir:

Figura 5
VISÃO DA ORGANIZAÇÃO

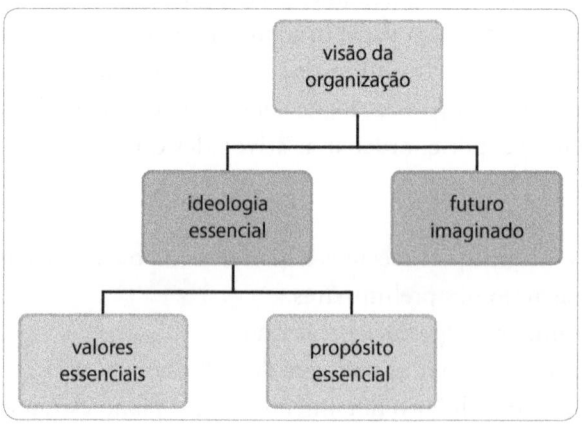

Collins e Porras afirmam que os valores essenciais formam um pequeno conjunto de princípios norteadores permanentes que irão prescrever as atitudes, o comportamento na organização, que possuem

---

[11] COLLINS, J. C.; PORRAS, J. I. Construindo a visão da empresa. *HSM Management*, São Paulo, ano 2, n. 7, p. 32-42, mar./abr. 1998.

relevância intrínseca para a organização, não exigindo justificativa externa para sua adoção. Afirmam ainda que:[12]

> *Os valores essenciais incorporados ao nosso credo talvez sejam uma vantagem competitiva, porém esse não é o motivo para a sua preservação. Nós os mantemos porque eles definem o nosso significado. Os valores essenciais não exigem justificativa externa; eles têm relevância e importância intrínsecas.*

Vejamos exemplos de valores essenciais de três empresas:

- Gerdau – qualidade em tudo que faz, empreendedorismo responsável, integridade, entre outros;
- Vale – excelência de desempenho, respeito à vida, respeito à diversidade, entre outros;
- Disney – criatividade, sonho e imaginação.

O propósito essencial define a missão da empresa, ou seja, a razão de sua existência. Sua função é direcionar e inspirar as pessoas em todos os níveis da organização. Não se limita a descrever os objetivos da organização em termos de produtos e clientes, é consequência da existência da organização. Portanto, não se resume a um objetivo ou meta estratégica da organização.

A declaração do propósito essencial é a explicação por escrito das intenções e aspirações da organização, podendo ser declarado de forma ampla ou restrita. Uma declaração restrita define o propósito de forma clara, mas limitante quanto ao escopo de operação, mercados a serem atendidos e a posição da empresa em relação a seus concorrentes, enquanto uma declaração ampla permite uma situação mais abrangente quanto aos pontos já citados. Tradicionalmente, as empresas definiam seus propósitos essenciais como função de seus produtos e serviços. Entretanto, essa é uma forma bastante limitada, uma vez que produtos e serviços se tornam obsoletos e desnecessários em uma taxa cada vez mais elevada. Dessa forma, o propósito essencial pode considerar grupos de interesse, também conhecidos como *stakeholders*.

---

[12] COLLINS, J. C.; PORRAS, J. I. Construindo a visão da empresa. *HSM Management*, São Paulo, ano 2, n. 7, p. 32-42, mar./abr. 1998.

Vejamos, a seguir, a missão de algumas empresas:

- Petrobras – atuar de forma segura e rentável, com responsabilidade social e ambiental, nos mercados nacional e internacional, fornecendo produtos e serviços adequados às necessidades dos clientes e contribuindo para o desenvolvimento do Brasil e dos países onde atua;
- Vale – transformar recursos minerais em riqueza e desenvolvimento sustentável:
    - para nossos acionistas, sob a forma de retorno total superior à média de mercado dos segmentos em que a Vale atua; para nossos clientes, pela contínua proposta superior de confiabilidade de suprimento e de valor de uso, sustentados por inovação e desenvolvimento constantes;
    - para nossos empregados, proporcionando um ambiente de trabalho ético, transparente, desafiador, de oportunidades e que traga orgulho profissional para todos, com remuneração competitiva baseada na meritocracia;
    - para nossos fornecedores, pela visão de longo prazo e disposição de promover parcerias que visem ganhos para ambas as partes, por meio de desenvolvimento e inovação contínuos e fornecimento de bens e serviços de qualidade com custo compatível;
    - para as comunidades e países onde atuamos, pela ética, pelo respeito ao meio ambiente e a responsabilidade social com que agimos, integrando-nos e garantindo que nossa presença contribua, positivamente, para o desenvolvimento sustentável;
    - para todos os países em que atuamos, pela contribuição à economia, à geração de empregos e renda, à melhoria da qualidade de vida da população e ao desenvolvimento regional e nacional.

O futuro imaginado é a visão de futuro que permite vislumbrar novos horizontes para a organização e que ajuda os indivíduos a distinguir o que vale a pena desejar conseguir. A declaração da visão de futuro estabelece sentido e foco para as ações da organização e inspira as ações que a organização deve tomar no presente para conquistar o futuro almejado. Normalmente, essa visão é estabelecida e enunciada pelos líderes, compreendendo temas como: valores, desejos, vontade, sonhos e ambição.

Ela é compartilhada e apoiada por todos os colaboradores da organização. Para isso, sua declaração deve ser positiva e inspiradora para todos, de modo a direcionar o esforço de mudança. Vejamos, a seguir, a visão de futuro das mesmas empresas:

- Petrobras – seremos uma das cinco maiores empresas integradas de energia do mundo e a preferida pelos nossos públicos de interesse;
- Vale – ser a maior empresa de mineração do mundo e superar os padrões consagrados de excelência em pesquisa, desenvolvimento, implantação de projetos e operação de seus negócios.

É necessário que a visão de futuro seja definida de forma ampla e objetiva, uma vez que se trata da explicitação do que se idealiza para toda a organização.

Análise SWOT

Um *framework* é um quadro de referência que propicia, de maneira simples e consistente, uma orientação para a busca de soluções. É válido quando foca aquilo que, instintivamente, o executivo já sabe. Essa é a grande importância da análise SWOT – a matriz vazia não possui nenhuma informação, mas ajuda a pensar e a tomar decisão sobre a informação disponível. Não entra em conflito com nenhuma corrente teórica de estratégia, pois considera os aspectos externos e internos da organização.

A matriz SWOT tem recebido, ao longo dos últimos anos, críticas severas, que, em nosso entender, devem-se mais ao uso inadequado do que à inconsistência do *framework*. Vejamos o quadro 1:

Quadro 1
Matriz SWOT

	Fatores internos	Fatores externos
Fatores favoráveis	Forças	Oportunidades
Fatores desfavoráveis	Fraquezas	Ameaças

A sigla SWOT vem das palavras em inglês:

- *Strenght* – força;
- *Weakness* – fraqueza;
- *Opportunities* – oportunidades;
- *Threats* – ameaças.

O quadro a seguir apresenta exemplos de forças, fraquezas, ameaças e oportunidades:

Quadro 2
EXEMPLOS DE FORÇAS, FRAQUEZAS, AMEAÇAS E OPORTUNIDADES

Forças	Oportunidades
S1 – qualidade do produto	O1 – crescimento da demanda
S2 – boa liquidez	O2 – concorrentes em dificuldades
S3 – pesquisa e desenvolvimento forte	O3 – aumento da classe C
Fraquezas	Ameaças
W1 – custo elevado da matéria-prima (importada)	T1 – crise econômica
W2 – *mix* de produtos estreito	T2 – câmbio instável
W3 – marketing deficiente	T3 – concorrência com preços baixos

As relações entre os aspectos internos e externos da matriz SWOT resultam em quatro situações distintas que irão orientar a definição das estratégias, conforme apresentadas no quadro 3.

Quadro 3
RELAÇÕES ENTRE OS ASPECTOS INTERNOS
E EXTERNOS DA MATRIZ SWOT

	Oportunidade	Ameaça
Força	**Alavancagem** Ocorre quando uma oportunidade encontra um ou mais pontos fortes da organização, permitindo que a organização possa tirar proveito da situação. A ideia aqui é desenvolver ações que alavanquem a empresa. Exemplo com base no SWOT do quadro 2: A1 (S2/O2) = estudar concorrentes no mercado com o objetivo de comprar empresa concorrente.	**Vulnerabilidade** Ocorre quando existe uma ameaça, mas a organização possui um ou mais pontos fortes para amenizar ou anular seus efeitos. A ideia aqui é desenvolver ações que anulem ou minimizem as vulnerabilidades. Exemplo com base no SWOT do quadro 2: V1 (S3/T3) = reduzir o ciclo de desenvolvimento do produto (praticar obsolescência programada).
Fraqueza	**Limitações** Ocorre quando uma oportunidade não pode ser aproveitada devido a um ou mais pontos fracos da organização. A ideia aqui é desenvolver ações que anulem ou minimizem as limitações. Exemplo com base no SWOT do quadro 2: L1 (W2/O3) = desenvolver linha de produtos destinados ao mercado formado pela classe C.	**Problemas** Ocorre quando uma ameaça encontra um ou mais pontos fracos, deixando a organização vulnerável. Exemplo com base no SWOT do quadro 2: A ideia aqui é desenvolver ações que anulem ou minimizem os problemas. P1 (W1/T1, T2, T3) = desenvolver matéria-prima nacional.

Análise setorial

Segundo Porter,[13] a intensidade da competição em um determinado setor depende das cinco forças básicas apresentadas a seguir. Seu conjunto determina o grau de atratividade e, em última análise, as perspectivas de lucro do setor. Vejamos a figura 6:

Figura 6
Forças básicas

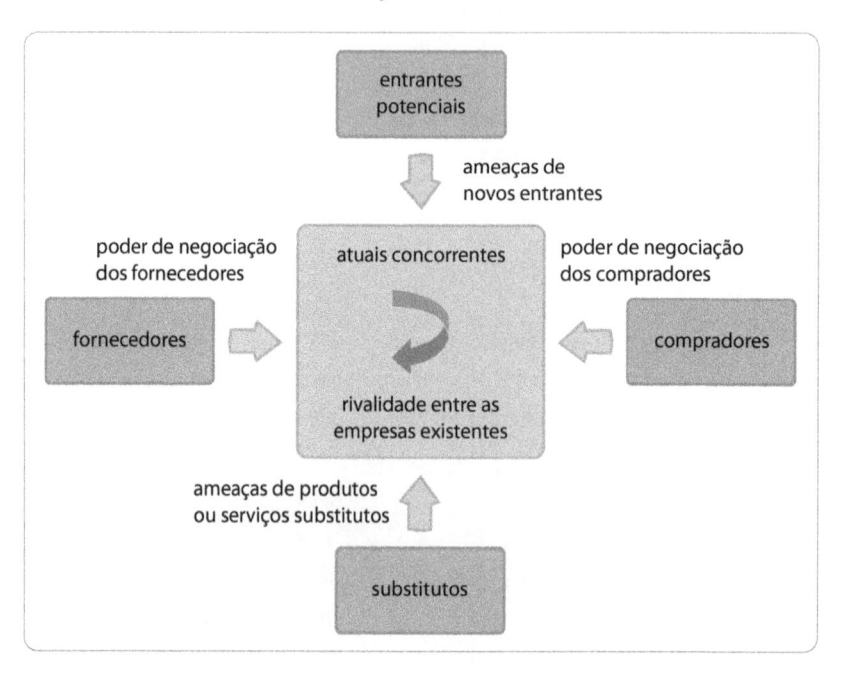

```
                    entrantes
                    potenciais
                        ⬇
                   ameaças de
                   novos entrantes

poder de negociação    atuais concorrentes    poder de negociação
dos fornecedores                              dos compradores

  fornecedores  ➡   rivalidade entre as   ⬅   compradores
                    empresas existentes

                   ameaças de produtos
                   ou serviços substitutos
                        ⬆
                    substitutos
```

O conhecimento das forças da concorrência põe em destaque os pontos fortes e fracos críticos da organização. Esclarece os pontos em que as mudanças estratégicas obterão o máximo de retorno e auxilia na identificação das tendências, ameaças e oportunidades. Esse conhecimento permite a formulação de estratégias que, nesse modelo, consiste em buscar uma posição dentro dele, de modo que a organização possa se defender contra as forças concorrentes ou influenciá-las a seu favor.

---

[13] PORTER, M. E. *Competição*: estratégias competitivas essenciais. 5. ed. Rio de Janeiro: Campus, 1999.

Por exemplo: se uma empresa estabelecida no Brasil sofre com a entrada de concorrentes que possuem a força de competir em baixo custo, essa empresa poderá licenciar alguns produtos ou todos os produtos de seu portfólio para serem produzidos por quem esteja em condições mais vantajosas para produzir com custos mais baixos.

Rivalidade entre concorrentes

A rivalidade entre as empresas concorrentes, em geral, ocorre pelo domínio de uma fatia de mercado. Ocorre ainda porque um ou mais concorrentes se sentem pressionados pelo avanço de outro concorrente, porque identificam uma oportunidade de melhorar sua posição ou por possuírem outros interesses estratégicos pela posição que ocupam. Uma tática comum utilizada pelas empresas é a disputa de preços. Tal situação afeta, diretamente, a rentabilidade do setor e pode conduzir a uma disputa autofágica entre as organizações, uma vez que o corte de preços tende a ser igualado pelos concorrentes.

Outras formas possíveis de disputa são:

- campanhas publicitárias;
- introdução de novos serviços;
- melhoria nos serviços existentes.

Como exemplo da rivalidade entre empresas, podemos citar as empresas de táxi que disputam aos gritos seus clientes nas saídas das salas de embarque sem, no entanto, transmitir aos potenciais clientes de que forma elas geram valor.

Outro exemplo está na competição entre concorrentes de produtos eletrônicos. Entre eles, encontramos grandes marcas mundiais como Samsung, Sony, LG, HP, entre outras, que competem no mercado por meio da inovação contínua em suas linhas de produto.

Segundo Porter,[14] a rivalidade entre concorrentes está relacionada com alguns fatores:

---

[14] PORTER, M. E. *Competição*: estratégias competitivas essenciais. 5. ed. Rio de Janeiro: Campus, 1999.

- quantidade de concorrentes – quando os concorrentes são poucos, eles, em geral, observam atentamente uns aos outros de modo a garantir que uma determinada ação por parte de uma empresa tenha como resposta uma ação equivalente;
- índice de crescimento do setor – quando há uma queda no crescimento do setor, as empresas tendem a manter sua participação em termos de volume de vendas e o único caminho é tirar a participação do concorrente;
- ausência de diferenciação – sustenta a rivalidade entre os concorrentes estabelecidos, ao passo que a diferenciação tende a criar um isolamento contra a luta competitiva;
- custos fixos elevados – criam fortes pressões no sentido que as empresas satisfaçam sua capacidade instalada;
- acréscimos de capacidade – quando excessivos podem desequilibrar a relação entre oferta e procura e alterar o grau de rivalidade;
- concorrentes divergentes – concorrentes que possuam diferentes estratégias ou ideias sobre como competir podem se chocar, continuamente, ao longo do processo e desafiar suas posições.

Barreiras existentes

A entrada de novos participantes está relacionada com a possibilidade de eles romperem as barreiras existentes contra sua entrada e de enfrentarem as retaliações dos concorrentes estabelecidos. Se essas barreiras forem fortes, tenderão a desestimular a entrada dos novos participantes; se forem fracas, não desestimularão os candidatos e poderão, até mesmo, estimular outros possíveis candidatos. Vejamos possíveis barreiras:

- economia de escala – dificulta a entrada de novos concorrentes, pois força os candidatos a suprirem volumes elevados ou lidarem com desvantagens em custos;
- diferenciação do produto – os novos participantes terão de investir elevadas somas de dinheiro para estabelecer uma marca que seja forte;
- capital necessário – um negócio que demande investimentos elevados dificulta e afasta possíveis candidatos;

- vantagem do custo independentemente do tamanho – os concorrentes estabelecidos podem ter vantagens de custo (independentemente de seus tamanhos) que podem estar relacionadas com o uso de uma tecnologia exclusiva, pela localização favorável, pelos subsídios concedidos pelo governo, pelos ativos comprados a preços competitivos ou pelo domínio e conhecimento de operações ou etapas de um determinado processo;
- acesso aos canais de distribuição – se os canais de venda forem limitados, os candidatos terão dificuldade de entrar no negócio;
- política governamental – os governos podem impor uma série de restrições que dificultam a entrada de novos concorrentes, como:
    - regulamentação;
    - taxação;
    - licenciamento;
    - concessão.

Um exemplo da entrada de novos concorrentes na história da indústria automobilística brasileira foi a chegada da Jac Motors no mercado, em março de 2011, com uma estratégia de baixo custo.

Fornecedores, compradores e ameaças

Os fornecedores podem exercer um poder de negociação sobre os participantes de um setor, interferindo em sua rentabilidade. Eles possuem poder em relação a uma empresa quando:

- existem poucos fornecedores no mercado;
- é custoso para a empresa trocar de fornecedor devido à necessidade de produtos exclusivos;
- a empresa não for um cliente importante para os fornecedores.

Como exemplo do poder de negociação dos fornecedores, podemos citar as empresas com um amplo portfólio de produtos como a Nestlé, que possui vantagens na negociação com hipermercados quando comparados a fornecedores de produtos específicos e mais caros, os chamados produtos de risco.

Os compradores, por sua vez, podem exercer um poder sobre uma determinada empresa, se possuírem meios de forçar a queda dos preços ou de exigir qualidade dos serviços oferecidos.

As montadoras que fecham grandes contratos de compra de peças que irão compor seu veículo são exemplos de queda de preço. Nesse caso, o poder do comprador é exercido não somente pelo grande volume de compras envolvido mas também pela alta probabilidade de compra futura pelos proprietários dos automóveis quando fizerem reposições das peças durante as manutenções de seus veículos.

A situação torna-se crítica para a empresa fornecedora quando a mudança para outro fornecedor custar pouco para os compradores. A ameaça de produtos ou serviços substitutos pode ocorrer quando estes oferecerem vantagens de preço e desempenho em relação aos produtos ou serviços existentes.

Podemos citar, como exemplo, os adoçantes à base de frutose em substituição ao tradicional açúcar e os crescentes avanços tecnológicos em videoconferência, que possibilitam uma redução significativa nas viagens a negócio. Nesse último caso, podemos citar que existe ainda o forte apelo ecológico da videoconferência quando comparada às viagens aéreas, devido à queima de combustíveis pelas aeronaves.

Planejamento e análise de cenários

Como o futuro, em geral, é incerto, a formulação de cenários se constitui uma poderosa ferramenta de planejamento e de apoio à tomada de decisões. Cenário é uma possibilidade abrangente do futuro elaborada segundo uma configuração predeterminada do ambiente, e tem como principais funções:

- proporcionar meios seguros para reflexões para as possíveis alternativas de evolução do ambiente;
- prever o significado que as alternativas de evolução do ambiente poderão ter sobre a organização;
- preparar a organização para qualquer contingência;
- auxiliar a organização na tomada de decisões estratégicas que possam contribuir para a obtenção de vantagem para a organização, por intermédio da identificação de ameaças e oportunidades.

Serra, Torres e Torres[15] sugerem seis etapas, descritas a seguir, para o processo de formulação de cenários:

- identificação do foco ou da decisão-chave – o foco ou a decisão-chave para a elaboração de cenários pode ser genérico, relacionado com uma questão ampla da evolução do ambiente, ou específico, correspondente a uma determinada decisão que a organização necessite tomar;
- identificação das forças motrizes – consiste em identificar os fatores que influenciam e direcionam os cenários relacionados com o foco ou a decisão-chave. Esses fatores, em geral, podem ser de origem econômica, social, política, cultural, tecnológica, legal ou ecológica. Nesta etapa, convém identificar as tendências dos diversos fatores identificados e suas consequências para a organização em termos de ameaças e oportunidades, de modo a auxiliar a organização na tomada de decisões;
- classificação das forças motrizes – consiste em analisar o inter-relacionamento entre as forças motrizes, classificar as forças motrizes quanto ao grau de importância e certeza para o foco ou a decisão-chave;
- seleção dos cenários – esta etapa consiste em selecionar os cenários a serem desenvolvidos;
- desenvolvimento de cenários – nesta etapa, os cenários são desenvolvidos a partir de suposições que envolvem as forças motrizes;
- estabelecimento de indicadores – os cenários descrevem situações possíveis, dessa forma, é importante estabelecer um conjunto de indicadores que mostre em que direção se está caminhando.

O aumento da consciência ambiental global é uma força motriz que deve ser considerada quando nos referimos ao desempenho dos fabricantes de lâmpadas de alto rendimento como as lâmpadas T5, de indução e lâmpadas de *light-emitting diode* (LED).

Outro exemplo de força motriz e seu respectivo impacto é a distribuição ou não dos *royalties* do petróleo no Brasil e a consequência econômica para alguns municípios do estado do Rio de Janeiro, como por exemplo, o município de Rio das Ostras.

---
[15] SERRA, F. A. R.; TORRES, M. C. S.; TORRES, A. P. *Administração estratégica*: conceitos, roteiro prático e casos. Rio de Janeiro: Reichman e Affonso Editores, 2004. p. 178.

Fatores críticos de sucesso

Os fatores críticos de sucesso podem ser definidos como variáveis ou atividades de uma empresa que são decisivas para o sucesso competitivo em determinados segmentos dos negócios. Por exemplo, estratégias específicas, atributos dos produtos, recursos exclusivos, competências e capacidades competitivas.

Para fabricantes de bebidas, podem ser considerados fatores críticos de sucesso: rede de distribuição ampla, logística eficiente, qualidade dos insumos, etc. Para redes de *fast food*, podem ser: padronização do preparo das refeições, qualidade dos insumos, rapidez no atendimento, refeição saborosa.

A rede de atendimento abrangente pode ser um fator crítico de sucesso de um banco de varejo, enquanto um portfólio amplo de produtos pode ser um fator crítico de sucesso de um banco de investimentos. Esses fatores podem ser determinados pelas respostas a três questões:

- Quais são os critérios dos clientes para a escolha dos produtos?
- Quais são os recursos e as capacidades competitivas necessárias para se ter sucesso?
- O que é necessário para se obter vantagem competitiva?

O processo de planejamento estratégico permite formular declarações da direção estratégica e possui relação direta com o estabelecimento de objetivos estratégicos – também denominados *objetivos-chave* –, que devem reforçar as habilidades exclusivas da organização, converter a visão da organização em alvos específicos, fixar marcos pelos quais o desempenho desejado é definido e fazer com que a empresa seja orientada pela busca de resultados. Os objetivos estratégicos devem ser escritos de forma clara e sintética, sempre iniciando com o verbo no infinitivo.

Para cada um dos objetivos estratégicos, devem ser definidas uma ou mais medidas de ocorrência e, caso necessário, vetores de desempenho. As medidas da perspectiva financeira são indicadores de resultado de longo prazo. Algumas medidas, como redução das despesas operacionais, podem gerar ações indesejáveis que vão de encontro aos objetivos dos clientes, processos internos e aprendizado e conhecimento. Quando se utiliza esse tipo de medida, deve-se contrabalançar com outras medidas, de forma a não interferir nos objetivos das demais perspectivas.[16]

Existem dois grupos de medidas para a perspectiva dos clientes. O primeiro refere-se às medidas essenciais, que incluem indicadores de participação no mercado, retenção, captação, satisfação e lucratividade de clientes. O segundo grupo é formado pelos diferenciadores, baseado nos atributos das propostas de valor. Todo o *balanced scorecard*, na perspectiva dos clientes, deve ter medidas essenciais como indicadores de ocorrência e medidas da proposta de valor como indicadores de tendência.[17]

Vejamos um exemplo para objetivos estratégicos. Podemos ter para a perspectiva dos processos em uma concessionária de veículos, por exemplo, uma área temática relacionada a vendas de veículos e outra relacionada a serviços pós-venda, que poderão abrigar objetivos estratégicos distintos, como agilizar o processo de entrega de veículos novos e agilizar a entrega dos veículos durante as manutenções programadas no período de garantia dos veículos.

A declaração da direção estratégica permite gerar três componentes para o subsequente desenvolvimento de planos detalhados:

- permite a definição de objetivos estratégicos;
- permite a identificação de atividades críticas que deverão ser bem executadas para que os objetivos sejam atingidos;
- permite a identificação preliminar dos indicadores potenciais a serem utilizados no *balanced scorecard*.

Como exemplo de declaração estratégica, apresentamos o texto a seguir, que fornece uma ampla gama de informações para a identificação de objetivos e atividades críticas:

> *Como indústria química líder, nós buscamos o crescimento rentável no longo prazo. Para alcançar este objetivo, estamos comprometidos com a excelência operacional, inovação e investimento em mercados crescentes. Nossas ações são guiadas pelo desenvolvimento sustentável.*

continua

---

[16] KAPLAN, R. S.; NORTON, D. P. *A estratégia em ação*: balanced scorecard. Rio de Janeiro: Campus, 1997. p. 60.
[17] Ibid., p. 67.

> *Nossas diretrizes resumem como nós pretendemos alcançar nossas metas corporativas e estabelecer e implementar nossos valores dentro da organização.*
>
> *O pré-requisito para o sucesso de longo prazo é obter um retorno acima do custo de capital. Lucros antes de itens e taxas (EBIT) após o custo de capital é nosso indicador-chave de gestão e performance.*
>
> *Nós queremos reconhecer o que nossos clientes precisarão no futuro. Como parceiros confiáveis, trabalhamos com nossos clientes para desenvolver soluções que atendam às suas necessidades individuais e fortaleçam sua competitividade. Para tornar isso realidade, nós atuamos onde estão nossos clientes – em todos os mercados mais importantes do mundo.*
>
> *Queremos recrutar, apoiar e reter os melhores colaboradores. E é por essa razão que investimos no desenvolvimento de nossos colaboradores e os ajudamos a manter um equilíbrio entre sua vida profissional e familiar. Com nossa iniciativa Diversidade + Inclusão, promovemos equipes que geram valor a partir de suas formações e experiências.*
>
> *Para nós, da Basf, desenvolvimento sustentável significa combinar sucesso econômico com responsabilidade ambiental e social. Incorporamos a sustentabilidade à nossa estratégia corporativa e à nossa organização. Com produtos e serviços sustentáveis, criamos vantagens competitivas para a Basf e os seus clientes.*[18]

A definição dos objetivos estratégicos está associada com a contribuição dos objetivos para que a empresa siga a direção estratégica e alcance o D futuro representado na figura 1, anteriormente apresentada. Em uma regata como a Volvo Ocean Race, por exemplo, o preparo físico dos velejadores é fundamental para que a equipe conquiste o pódio, logo, manter a equipe em condições físicas adequadas é um objetivo que deve ser perseguido.

---

[18] BASF. *Nossa estratégia*: como alcançamos crescimento com valor agregado. Disponível em: <www.basf.com/group/corporate/report-brazil/pt/microsites/report-brazil/about-basf-group/strategy>. Acesso em: 12 nov. 2012.

O exemplo de declaração estratégica apresentado há pouco permite a definição do objetivo estratégico apresentada a seguir: oferecer experiência de compra superior, por meio de atendimento conveniente, apresentação atrativa e pessoal profissional.

Os objetivos estratégicos serão identificados para cada uma das perspectivas do *balanced scorecard*, que são: financeira, dos clientes, dos processos internos e do aprendizado e crescimento. Poderá ocorrer a definição de objetivos estratégicos em áreas temáticas dentro de uma mesma perspectiva.

Tradução da estratégia

Estratégia e mapa estratégico

Após o desenvolvimento da estratégia, o estágio seguinte compreende sua tradução por meio do *balanced scorecard*, a elaboração de um orçamento estratégico e o alinhamento da estratégia que ocorre por meio do desdobramento e da infusão da estratégia envolvendo as unidades de negócio, unidades de apoio e pessoas.

O primeiro passo para a criação de um *balanced scorecard* é o desenvolvimento do mapa estratégico, tomando como ponto de partida os objetivos estratégicos definidos para cada uma de suas perspectivas.

O mapa estratégico é uma representação gráfica que permite identificar a contribuição de um determinado objetivo na consecução de um ou mais objetivos da mesma perspectiva ou de perspectivas adjacentes. Um exemplo de mapa estratégico é apresentado na figura 7.

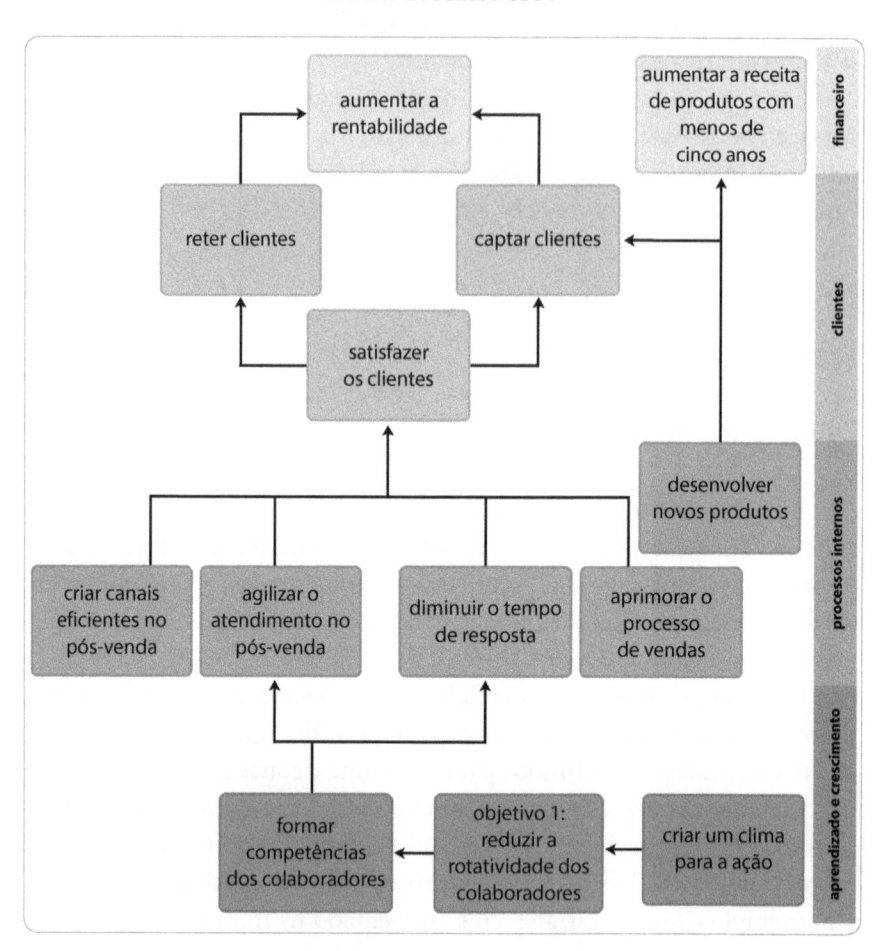

Figura 7
Mapa estratégico

Perspectivas (coluna direita, de cima para baixo): financeiro, clientes, processos internos, aprendizado e crescimento.

Financeiro:
- aumentar a rentabilidade
- aumentar a receita de produtos com menos de cinco anos

Clientes:
- reter clientes
- captar clientes
- satisfazer os clientes

Processos internos:
- criar canais eficientes no pós-venda
- agilizar o atendimento no pós-venda
- diminuir o tempo de resposta
- aprimorar o processo de vendas
- desenvolver novos produtos

Aprendizado e crescimento:
- formar competências dos colaboradores
- objetivo 1: reduzir a rotatividade dos colaboradores
- criar um clima para a ação

Painel e orçamento estratégico

O mapa estratégico ajuda a compreender a estratégia, porém não deixa claro como a estratégia é operacionalizada em termos de ações ou projetos estruturadores. Essa é uma função dos painéis estratégicos.

No quadro 4, apresentamos um exemplo de um painel estratégico relativo à perspectiva de aprendizado e crescimento do mapa estratégico apresentado na figura 7.

Quadro 4
PAINEL ESTRATÉGICO

Objetivos	Indicadores	Alvos (metas)	Iniciativas/projetos estruturadores
Reduzir a rotatividade dos colaboradores.	$\dfrac{(\text{admitidos} + \text{demitidos}) * 100}{2}$ (efetivo médio do período)	1,5%	Desenvolver políticas de reconhecimento e retenção de talentos. Reconhecer e recompensar os desempenhos superiores. Desenvolver um programa de benefícios.

Uma boa execução da estratégia requer que seja executado um portfólio de iniciativas de forma simultânea e coordenada. Isso demanda a elaboração de um orçamento estratégico – denominado *Stratex* por Kaplan e Norton[19] – para suportar a execução das iniciativas planejadas. Na tabela 1, apresentamos um exemplo de um orçamento envolvendo as iniciativas do *balanced scorecard*.

---

[19] KAPLAN, R. S.; NORTON, D. P. *A execução premium*: a obtenção de vantagem competitiva através do vínculo da estratégia com as operações do negócio. Rio de Janeiro: Elsevier, 2008.

Tabela 1
ORÇAMENTO DAS INICIATIVAS ESTRATÉGICAS

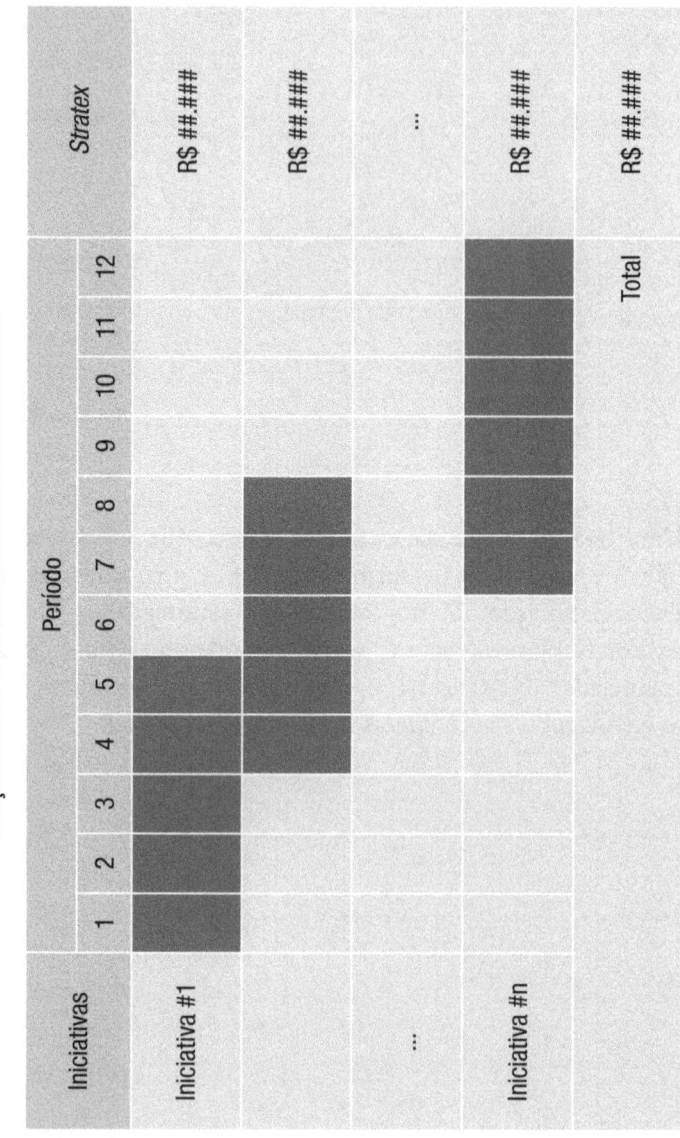

Iniciativas	Período												Stratex
	1	2	3	4	5	6	7	8	9	10	11	12	
Iniciativa #1	■	■	■	■	■								R$ ##.###
				■	■	■	■	■					R$ ##.###
...													...
Iniciativa #n							■	■	■	■	■	■	R$ ##.###
													Total R$ ##.###

Comunicação e desdobramento da estratégia

Após a criação da estratégia e a tradução do plano estratégico com o *balanced scorecard* e o orçamento estratégico, a coalizão orientadora irá iniciar um processo de comunicação e desdobramento da estratégia, cujo objetivo inicial é estabelecer alinhamento e engajamento de todos os membros da organização para a execução da estratégia, uma vez que existe um elevado nível de incerteza no nível estratégico em face das influências do macro e microambiente que precisam ser transformadas em certezas para o nível executor da organização.

A figura 8 apresenta o desdobramento da estratégia para o nível de execução da organização e o alinhamento de todas as pessoas da organização conforme a visão criada pela alta administração, em que o nível gerencial tem como papel fundamental a transformação das incertezas em certezas para o nível de execução, ou seja, o processo de desdobramento da estratégia termina com a definição de objetivos e metas claras para toda a organização e a execução das ações que irão contribuir para o alcance do superobjetivo proposto.

Figura 8
DESDOBRAMENTO DA ESTRATÉGIA
PARA O NÍVEL DA EXECUÇÃO

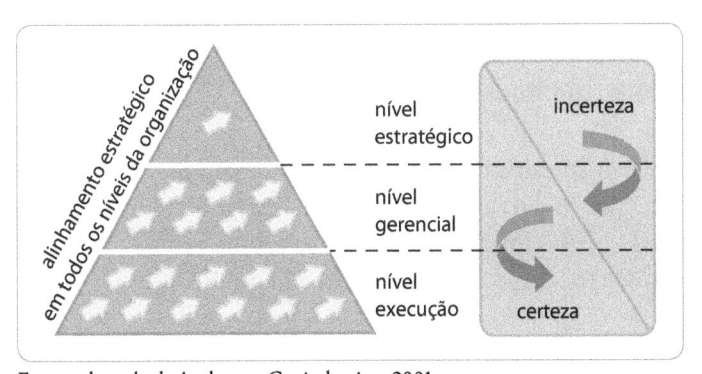

Fonte: adaptado de Anthony e Govindarajan, 2001.

Planejamento de operação

Kaplan e Norton[20] asseveram que a "implementação da estratégia exige o alinhamento e a execução de iniciativas estratégicas e de programas de melhoria de processos". Um planejamento de operação eficaz deve considerar os processos-chave de alto impacto nos objetivos estratégicos.

Esses processos precisam ser identificados e melhorados por meio de ferramentas específicas, como fluxogramas funcionais, nos quais são identificadas as atividades críticas, os *gaps* de melhorias e os pontos de controle.

A melhoria de processos envolve as seguintes atividades, conforme propõem Rummler e Brache:[21]

- identificação dos processos-chave – processos de alto impacto nos objetivos;
- desenho dos processos-chave – na versão atual, também denominada versão *as is*;
- identificação dos *gaps* de melhoria;
- redesenho dos processos-chave – versão aprimorada, também denominada versão *should-be*;
- desenvolvimento de um plano de implementação dos processos-chave aprimorados.

Fluxograma funcional de processo

A figura 9 apresenta um modelo de fluxograma funcional dos processos, em que as atividades simbólicas estão atribuídas a diferentes responsáveis. Nesse fluxograma, são mostrados pontos de medição no processo, que tem como objetivo medir sua qualidade.

---

[20] KAPLAN, R. S.; NORTON, D. P. *Alinhamento*: utilizando o balanced scorecard para criar sinergias corporativas. Rio de Janeiro: Elsevier, 2006.
[21] HUMMLER, G. A.; BRACHE, A. P. *Improving performance*: how to manage the white space on the organization chart. San Francisco: Jossey-Bass, 1995.

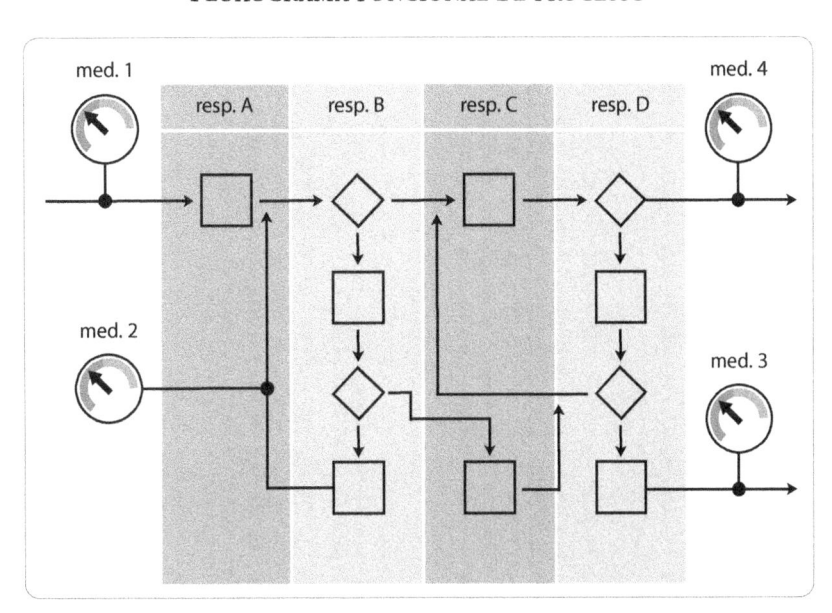

Figura 9
FLUXOGRAMA FUNCIONAL DE PROCESSO

Além da identificação e melhoria dos processos-chave, o planejamento da operação inclui o desenvolvimento de um plano de vendas, o desenvolvimento de um plano de alocação dos recursos e o desenvolvimento de um orçamento relativo ao planejamento das operações.

A ideia central do monitoramento da estratégia e do aprendizado é realizar reuniões de análise do *balanced scorecard* e do plano de operações, visando identificar se as operações e a estratégia estão sendo bem executadas. Nessas reuniões, são avaliados os progressos das iniciativas, os indicadores do *balanced scorecard* e o progresso das atividades previstas no planejamento das operações.

Kaplan e Norton[22] propõem que haja pelo menos uma reunião por ano. Além de verificar se as operações e a estratégia estão sendo bem executadas, a equipe executiva deverá realizar reuniões periódicas, a fim de testar a validade da estratégia e adaptá-la às novas circunstâncias.

---

[22] KAPLAN, R. S.; NORTON, D. P. *A execução premium*: a obtenção de vantagem competitiva através do vínculo da estratégia com as operações do negócio. Rio de Janeiro: Elsevier, 2008.

Autoavaliações

Questão 1:

De acordo com Porter, uma das cinco forças que exercem a influência sobre a rentabilidade média de um setor é a ameaça de entrada de novos concorrentes.
Essa ameaça tende a ser mais significativa quando:

a) o determinado setor é mais segmentado.
b) muitos distribuidores escoam produção do setor.
c) a escassez de matéria-prima no setor é muito grande.
d) empresas do setor operam em forma de licenciamento.

Questão 2:

Para reagir ao ambiente, as organizações deverão criar novas estratégias ou, então, partirão na frente, criando estratégias que irão moldar seu ambiente no futuro. Em ambas as hipóteses, as organizações provocam o ciclo de determinados estágios.
Dessa forma, podemos dizer que esses estágios são:

a) traduzir a estratégia, avaliar estratégia, analisar a lucratividade, executar processos e desenvolver orçamento.
b) ouvir o mercado, perceber as necessidades, avaliar operações, avaliar estratégias, analisar o ambiente, planejar e resolver.
c) monitorar o ambiente, melhorar processos-chave, alinhar unidades e pessoas, desenvolver um mapa estratégico, testar e adaptar.
d) desenvolver a estratégia, traduzir a estratégia e alinhar a organização, planejar as operações, monitorar e aprender, testar e adaptar.

Questão 3:

O *balanced scorecard* baseava-se na representação equilibrada das medidas financeiras e operacionais, organizando-se com base em quatro perspectivas.

Portanto, o *balanced scorecard* se baseia em persperctiva de:

a) clientes, de marketing, de recursos humanos e de fornecedores.
b) processos externos, financeira, de clientes, de educação e crescimento.
c) processo, de fornecedor, de treinamento, de clientes externos e internos.
d) clientes, de processos internos, financeira, de aprendizado e crescimento.

Questão 4:

João possui uma pequena indústria pesqueira em uma região cujo entorno apresenta um problema grave de escassez de mão de obra. Por se tratar de uma região turística, seus funcionários se demitem no verão para se dedicar a atividades ligadas ao turismo. Além disso, as condições de trabalho na empresa são severas, e os funcionários reclamam muito do trabalho de plantão nos finais de semana.

Por outro lado, o mercado tem uma busca cada vez maior por pescados e frutos do mar, e os produtos da indústria de João são considerados de excelente qualidade pelos consumidores.

Considerando a matriz SWOT, sobre a indústria de João, **não** podemos afirmar que:

a) a escassez de mão de obra é uma fraqueza da empresa.
b) as condições de trabalho adversas constituem uma fraqueza da empresa.
c) a excelente qualidade dos produtos da empresa constitui uma força da empresa.
d) o mercado pesqueiro com demanda crescente é uma oportunidade para a empresa.

Questão 5:

O primeiro passo para a elaboração do *balanced scorecard* é o desenvolvimento de um determinado tipo de mapa.
Dessa forma, podemos concluir que esse é o mapa:

a) estratégico, com objetivos distribuídos em três perspectivas.
b) de procedimentos, com o objetivo se sobrepondo às perspectivas.
c) estratégico, com objetivos agrupados em pelo menos quatro perspectivas.
d) de procedimentos, com objetivos de esclarecer como a estratégia é operacionalizada.

Questão 6:

A rede de *fast food* Burger King foi comprada, em 2010, pelos investidores brasileiros Jorge Paulo Lemann, Beto Sicupira e Macel Telles, do fundo 3G. A compra da empresa, que é a segunda maior rede de *fast food* dos EUA, foi fechada por US$ 3,26 bilhões, mas o valor sobe a US$ 4 bilhões ao incorporar as dívidas.

Sicupira comentou que a marca é mais preciosa que o negócio. A rede tem perdido mercado para os concorrentes e também foi afetada pela crise americana.

Analisando as informações fornecidas com base na matriz SWOT, **não** podemos afirmar que:

a) as dívidas são uma fraqueza da empresa.
b) a marca Burger King é uma força para a empresa.
c) a crise norte-americana é uma oportunidade para o Burger King.
d) a perda de mercado para os concorrentes é uma fraqueza da empresa.

Questão 7:

Você trabalha em uma indústria de autopeças que está, a cada dia, mais preocupada com o processo de globalização e internacionalização do setor. Para enfrentar esse desafio, você utiliza a análise SWOT a fim de preparar o planejamento empresarial. Depois de entrevistar seus gerentes e funcionários-chave, você agrupou os dados em unidades lógicas de planejamento. No entanto, você errou na interpretação das premissas dessa matriz.

Podemos, então, dizer que você errou quando considerou:

a) a quebra de equipamento como coação, a qual a empresa não pode ignorar.
b) preços tabelados pelo governo, reduzindo o grau de liberdade da empresa.
c) uma possível greve de funcionários, que prejudicaria o trabalho da empresa.
d) o incentivo às exportações como oportunidade que a empresa deve explorar.

Questão 8:

A análise do ambiente externo é um elemento importante da análise estratégica. O envelhecimento da população, as mudanças na composição étnica da população e os efeitos de variações na pirâmide etária são exemplos de dimensão de ambiente externo de um determinado tipo.

Desse modo, podemos dizer que tratamos do ambiente:

a) global.
b) sociocultural.
c) demográfico.
d) macroeconômico.

Questão 9:

Alguns norteadores têm sido utilizados pelas organizações para transmitir sua ideologia e metas audaciosas para o futuro. Um deles se refere, tipicamente, ao negócio em que a empresa está e que necessidades dos consumidores procura satisfazer no presente. O outro se refere aos negócios futuros e à direção de longo prazo.

Então, podemos concluir que esses norteadores são, respectivamente:

a) valores e missão.
b) missão e valores.
c) missão e visão estratégica.
d) valores e visão estratégica.

Questão 10:

O mapa estratégico é uma ferramenta importante para o *balanced scorecard*. Ele é uma representação gráfica.

Dessa forma, podemos afirmar que o mapa estratégico:

a) deixa claro como a estratégia é operacionalizada em termos de ações.
b) explica como a estratégia é operacionalizada em projetos estruturadores.
c) é o primeiro passo para a criação do BSC, desenvolvendo o painel estratégico.
d) nota o papel de objetivos para obter um ou mais objetivos de mesma ou de perspectiva adjacente.

Módulo II – Perspectivas do *balanced scorecard*

Módulo II – Perspectivas do *balanced scorecard*

Neste módulo, veremos como as quatro perspectivas do *balanced scorecard* influenciam as diferentes estratégias de uma empresa: perspectiva financeira, de clientes, de processos internos, e de aprendizado e crescimento.

Novo método de avaliação de desempenho

Controles financeiros

Historicamente, os sistemas de medição de desempenho das empresas eram desenvolvidos a partir de indicadores financeiros oriundos dos sistemas contábeis tradicionais. Os controles financeiros foram fundamentais para o sucesso de muitas empresas da era industrial e, por serem utilizados há muito tempo, tornaram-se bastante sofisticados.

Entretanto, os sistemas contábeis tradicionais não apresentam uma correlação entre resultados financeiros e opções estratégicas não financeiras que permitem que a organização crie valor econômico para o futuro.

Conforme explicam Kaplan e Norton,[23] a ênfase excessiva na obtenção e manutenção de resultados financeiros pode levar as empresas a investirem demasiadamente em opções de curto prazo em detrimento da criação de uma vantagem competitiva duradoura em que a empresa irá apoiar seu crescimento futuro. Por esse motivo, os sistemas de medição de desempenho baseados, estritamente, em indicadores financeiros tornaram-se insuficientes para orientar uma organização em ambientes mais competitivos e turbulentos.

Diante dessa discrepância, Kaplan e Norton deram início, no ano de 1990, ao estudo intitulado "Measuring performance in the organization of the future",[24] que teve como finalidade desenvolver um novo método de avaliação de desempenho no ano 2000. O estudo considerou as mudanças ocorridas, ao longo dos anos anteriores, nos métodos existentes de avaliação do desempenho empresarial que se baseavam apenas em indicadores contábeis e financeiros, e que, gradativamente, vinham se tornando insuficientes.

---

[23] KAPLAN, R. S.; NORTON, D. P. *A estratégia em ação*: balanced scorecard. Rio de Janeiro: Campus, 1997.
[24] KAPLAN, R. S.; NORTON, D. P. Measuring performance in the organization of the future. *Harvard Business Review*, Boston, 1990.

Medidas de desempenho

Robert Kaplan,[25] inicialmente convidado a documentar um caso de implantação de um sistema de custeio, entrou em contato com o novo sistema e possibilitou a conexão dessas ideias com um projeto de pesquisa que envolvia várias empresas e tinha como objetivo buscar novas maneiras de medir o desempenho organizacional.

A percepção era de que, sem a melhoria do sistema de medição de desempenho, os executivos não conseguiriam mobilizar com eficácia seus ativos intangíveis, perdendo grandes oportunidades de criação de valor. Fizeram parte de tal estudo 12 organizações.

A ideia inicial ocorreu em uma empresa chamada Analog Devices, onde um executivo chamado Arthur Schneiderman desenvolveu um sistema corporativo para a avaliação do desempenho geral da organização.

Esse sistema continha, além de medidas financeiras tradicionais, medidas de desempenho relativas a:

- prazos de entrega ao cliente;
- qualidade e ciclo do processo de produção;
- eficácia no desenvolvimento de novos produtos.

O estudo evoluiu para um sistema denominado *balanced scorecard*, baseado na representação equilibrada das medidas financeiras e operacionais em quatro perspectivas:

- financeira;
- clientes externos;
- processos internos;
- aprendizado e crescimento.

---

[25] KAPLAN, R. S.; NORTON, D. P. *A estratégia em ação*: balanced scorecard. Rio de Janeiro: Campus, 1997.

Visão histórica do *balanced scorecard*

Início do *balanced scorecard*

Em 1992, foi lançado o primeiro estudo sintetizando as constatações do grupo de estudo "The balanced scorecard: measures that drive performance".[26] Em 1993, demonstraram a importância dos indicadores ligados à estratégia do negócio "Putting the balanced scorecard to work",[27] com foco em indicadores.

Em 1996, publicaram o artigo "Using the balanced scorecard as a strategic management system"[28] e o livro *The balanced scorecard: translating strategic into action*,[29] com foco na tradução da estratégia.

Com o passar dos anos, o BSC se tornou, para muitas empresas, um sistema de desdobramento da estratégia que oferece aprendizado estratégico da estratégia que está sendo implantada. Para que haja o alinhamento e a ligação de todos os níveis da organização, faz-se necessária a utilização de sistemas de informações.

Gestão da estratégia

Em 2000, foi lançado o livro *Organização orientada para a estratégia*.[30] Seu lançamento demonstrou a importância da utilização do sistema de informação. Com foco na gestão da estratégia, o estudo identificou um padrão comum nas organizações consideradas bem-sucedidas na implementação da estratégia: os cinco princípios das organizações orientadas à estratégia.

---

[26] KAPLAN, R. S.; NORTON, D. P. The balanced scorecard: measures that drive performance. *Harvard Business Review*, Boston, MA, p. 71-79, jan./fev. 1992.

[27] KAPLAN, R. S.; NORTON, D. P. Putting the balanced scorecard to work. *Harvard Business Review*, Boston, MA, p. 134-147, set./out. 1993.

[28] KAPLAN, R. S.; NORTON, D. P. Using the balanced scorecard as a strategic management system. *Harvard Business Review*, Boston, MA, p. 75-85, jan./fev. 1996.

[29] KAPLAN, R. S.; NORTON, D. P. *The balanced scorecard*: translating strategy into action. Boston, MA: Harvard Business Review Press, 1996.

[30] KAPLAN, R. S.; NORTON, D. P. *Organização orientada para a estratégia*: como as empresas que adotam o balanced scorecard prosperam em um novo ambiente de negócios. Rio de Janeiro: Campus, 2000.

Em 2004, foi publicado o terceiro livro, *Mapas estratégicos*,[31] com foco em estudos de caso de mapeamento da estratégia. Em 2006, foi publicado o quarto livro, *Alinhamento*,[32] com foco em formas de alinhamento para garantir a gestão estratégica nas organizações. Em 2008, foi lançado *A execução premium*,[33] com foco na execução e na obtenção de vantagem competitiva a partir do vínculo da estratégia com as operações do negócio.

Vejamos, na figura a seguir, a cronologia dos principais artigos e livros sobre *balanced scorecard*.

Figura 10
CRONOLOGIA DE PUBLICAÇÕES SOBRE *BALANCED SCORECARD*

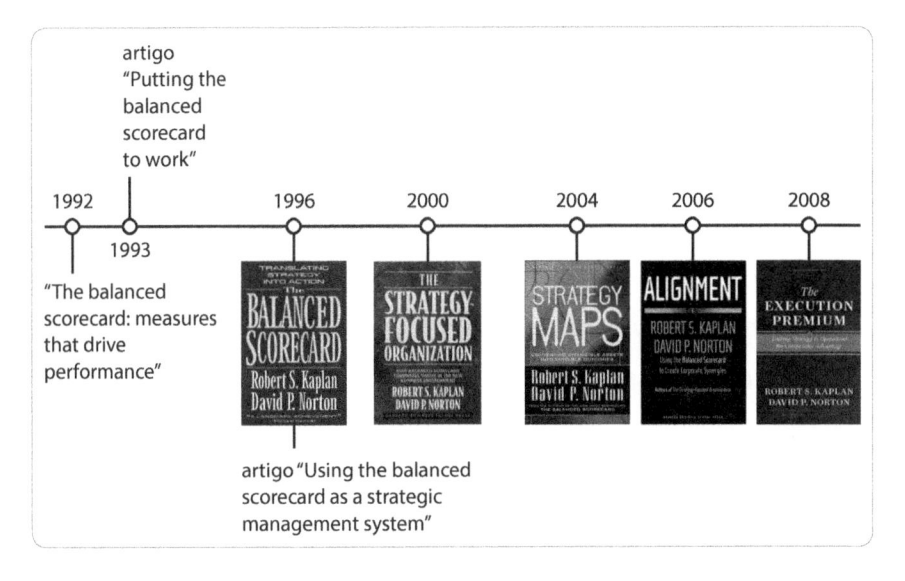

---

[31] KAPLAN, R. S.; NORTON, D. P. *Mapas estratégicos*: convertendo ativos intangíveis em resultados tangíveis. Rio de Janeiro: Elsevier, 2004.
[32] KAPLAN, R. S.; NORTON, D. P. *Alinhamento*: utilizando o balanced scorecard para criar sinergias corporativas. Rio de Janeiro: Elsevier, 2006.
[33] KAPLAN, R. S.; NORTON, D. P. *A execução premium*: a obtenção de vantagem competitiva através do vínculo da estratégia com as operações do negócio. Rio de Janeiro: Elsevier, 2008.

Vantagens do *balanced scorecard*

Uso de *scorecards*

Downing[34] fala de uma pesquisa sobre tendências no uso de *scorecards*, com mais de 300 empresas, das quais quase a metade utiliza o *balanced scorecard*. Esse dado é interessante, pois as empresas estavam utilizando o BSC havia menos de seis meses. No quadro a seguir, podemos ver esses resultados.

Quadro 5
RAZÕES PARA A IMPLEMENTAÇÃO DO *BALANCED SCORECARD*

Razões para a implementação do *balanced scorecard*	Respostas
Alinhamento estratégico organizacional	66%
Sinergia organizacional	61%
Construção de um sistema de gerenciamento estratégico	57%
Ligação da estratégia ao planejamento e ao orçamento	54%
Estabelecimento de alvos estratégicos	51%
Prioridade de iniciativas estratégicas	50%
Alinhamento dos indivíduos à estratégia	47%

A pesquisa de Downing também revelou a razão pela qual essas empresas foram bem-sucedidas no compartilhamento dos resultados na organização, conforme demonstrado no quadro 6.

---

[34] DOWNING, L. Progress report on the balanced scorecard: a global user's survey. Balanced Scorecard Report. *Harvard Business School Press*, v. 2, n. 6, p. 79, nov./dez. 2000.

Quadro 6
MEIO DE COMPARTILHAR OS RESULTADOS DO SCORECARD NAS ORGANIZAÇÕES

Meio de compartilhar os resultados do *scorecard* nas organizações	Respostas
Com nível Executivo e gerentes	44%
Com nível Executivo, gerentes e pessoas	40%
Com nível Executivo somente	11%
Não compartilham	5%

Alinhamento empresarial

Downing[35] aborda ainda que as empresas podem ser bem-sucedidas no alinhamento de suas organizações porque 65% das empresas que utilizam o *scorecard* o aplicam nas diversas unidades de negócio, ao contrário das 35% que o usam em apenas uma única unidade de negócio.

Podem-se tirar duas lições com esses dados acerca da utilização do *balanced scorecard*. A primeira é que uma grande difusão do BSC é essencial para estabelecer o alinhamento empresarial. A segunda é que uma comunicação contínua dos resultados por todos os níveis é muito importante para sustentar esse alinhamento.

Em 1997, o BSC foi escolhido pela renomada revista *Harvard Business Review* como uma das práticas de gestão mais importantes e revolucionárias dos últimos 75 anos.[36] No ano 2001, o Primeiro Comitê Temático do Prêmio Nacional da Qualidade (PNQ) elegeu o *balanced scorecard* como uma das ferramentas de gestão para a excelência empresarial. Além disso, o BSC contribui direta e indiretamente para o alcance de, aproximadamente, 580 pontos nos critérios de excelência do PNQ.

---

[35] DOWNING, L. Progress report on the balanced scorecard: a global user's survey. Balanced Scorecard Report. *Harvard Business School Press*, v. 2, n. 6, p. 79, nov./dez. 2000.

[36] NIVEN, P. R. *Balanced scorecard passo a passo*: elevando o desempenho e mantendo resultados. Tradução: Nilza Freire. Rio de Janeiro: Qualitymark, 2005.

Perspectivas

Vantagem competitiva

O *balanced scorecard* traduz a visão e a estratégia em objetivos e medidas organizadas em suas quatro perspectivas. Segundo Kaplan e Norton,[37] as quatro perspectivas citadas, normalmente, são suficientes para a maioria das organizações, porém, não há nenhum impedimento de que outra perspectiva relacionada com resultados que gerem vantagem competitiva para a empresa venha a ser incorporada ao *balanced scorecard*.

A palavra *scorecard* significa, em inglês, cartão para registro de resultado, e a palavra *balanced*, equilíbrio, balanceado.

Para muitas empresas, o BSC é um sistema de desdobramento estratégico que permite o aprendizado da estratégia que vem sendo praticada. É um modelo de gestão estratégica que auxilia a mensuração do progresso das organizações rumo a suas metas de longo prazo, a partir da tradução da visão em objetivos, indicadores, alvos, metas, iniciativas e projetos estruturadores.

Segundo Anthony e Govindarajan,[38] a principal finalidade de um sistema de avaliação de desempenho e gestão estratégica é controlar a obediência à estratégia adotada pela organização. Os sistemas de avaliação de desempenho utilizam indicadores financeiros e não financeiros em todos os níveis.

Tradução da estratégia

O *balanced scorecard* complementa as medidas financeiras do desempenho passado com vetores que impulsionam o desempenho futuro e fornece a estrutura necessária para a tradução da estratégia em termos operacionais, conforme pode ser observado no quadro 7.

---

[37] KAPLAN, R. S.; NORTON, D. P. *A estratégia em ação*: balanced scorecard. Rio de Janeiro: Campus, 1997.
[38] ANTHONY, R. N.; GOVINDARAJAN, V. *Sistemas de controle gerencial*. São Paulo: Atlas, 2001. p. 1019.

Quadro 7
Visão e estratégia

Perspectiva financeira				
Para sermos bem-sucedidos financeiramente, como deveríamos ser vistos por nossos acionistas?	Objetivos	Indicadores	Alvos	Iniciativas

Perspectiva dos processos				
Para satisfazermos nossos acionistas e clientes, em que processos de negócio deveríamos alcançar a excelência?	Objetivos	Indicadores	Alvos	Iniciativas

Perspectiva do aprendizado e crescimento				
Para alcançarmos nossa visão, como sustentaremos nossa capacidade de mudar e melhorar?	Objetivos	Indicadores	Alvos	Iniciativas

Perspectiva dos clientes				
Para alcançarmos nossa visão, como deveríamos ser vistos por nossos clientes?	Objetivos	Indicadores	Alvos	Iniciativas

Fonte: Kaplan e Norton, 1997.

Perspectiva financeira

As medidas de desempenho financeiro informam se a estratégia da empresa, bem como sua implementação e execução, estão contribuindo para a melhoria dos resultados financeiros. Apesar dessa diferença, os objetivos financeiros devem servir de foco para os objetivos e para as medidas das demais perspectivas do *balanced scorecard*.

Os indicadores que constituem as medidas de desempenho podem ser vistos sob dois ângulos:

- o que considera a área financeira como a mais relevante, uma vez que o real sucesso de um negócio é medido em termos financeiros;
- aquele que privilegia os indicadores operacionais, colocando de lado os financeiros por considerá-los sem consequência.

A perspectiva financeira traduz a preocupação com o desempenho financeiro à medida que monitoriza variáveis relevantes, como, por exemplo, a rentabilidade dos capitais investidos, consequência do esforço de gestão dos ativos. A dispersão do capital em bolsa, no futuro próximo, a cotação das ações vêm reforçar o interesse e a necessidade de identificar e acompanhar a criação de valor para seus acionistas.

Seja qual for a medida a ser selecionada, ela deve fazer parte de uma cadeia de relações de causa e efeito. Dessa forma, os objetivos e as medidas financeiras desempenham um papel duplo:

- definem o desempenho financeiro esperado da estratégia;
- servem de meta principal para os objetivos e para as medidas de todas as outras perspectivas do *balanced scorecard*.

Em outras palavras, para se obter a melhoria do desempenho financeiro, essa medida tem de estar alinhada à estratégia da organização.

Pela abrangência de seu papel, as medidas financeiras para o *balanced scorecard* devem ser cuidadosamente selecionadas. Se forem utilizadas para medir o desempenho global da empresa, isso pode levar à escolha de medidas que deixam de considerar as diferenças intrínsecas aos produtos e serviços oferecidos e que distinguem os ambientes geográficos, políticos, sociais e econômicos específicos de cada linha de negócio, assim como as estratégias gerenciais adotadas para a implementação das melhorias.

Por isso, quando da escolha das medidas, deve-se procurar determinar medidas financeiras apropriadas que não só apoiem sua estratégia de negócio, mas que sirvam como metas específicas para os objetivos e medidas das demais perspectivas inseridas no *balanced scorecard*.

Os objetivos financeiros podem diferir, consideravelmente, em cada fase do ciclo de vida da organização. Kaplan e Norton descrevem três fases:

- crescimento – as organizações, nessa fase, geralmente, encontram-se no início de seus ciclos de vida;
- sustentação – fase em que as organizações conseguem atrair investimentos e reinvestimentos, mas são forçadas a obter excelentes retornos sobre o capital investido;
- colheita – fase em que as organizações alcançam a fase de maturidade em seus ciclos de vida e, por isso, desejam colher os investimentos feitos nas duas fases anteriores.

Unidade estratégica de negócio

No quadro 8, são apresentados exemplos de medidas dos temas financeiros estratégicos relacionados com as fases em que a *unidade estratégica de negócio* se encontra.

Quadro 8
MEDIDAS DOS TEMAS FINANCEIROS ESTRATÉGICOS

		Temas estratégicos		
		Crescimento e *mix* de colheita.	Redução de custos e melhoria da produtividade.	Utilização dos ativos e estratégia de investimento.
Estratégia da unidade-estratégia de negócio	Crescimento	Aumento da taxa de vendas por segmento.	Receita por funcionário.	Investimento – percentual de vendas.
	Sustentação	Percentual de receita gerado por novas aplicações. Lucratividade por clientes e linhas de produtos.	Custos *versus* custos dos concorrentes. Taxa de redução de custos.	Índices de capital de giro. Taxa de utilização dos ativos.
	Colheita	Lucratividade por clientes e linhas de produtos.	Custos unitários por unidade de produção.	Retorno sobre o patrimônio líquido.

Fonte: adaptado de Kaplan e Norton (1996, p. 55).

As unidades de negócio, anteriormente citadas, são também conhecidas como unidades estratégicas de negócios (UEN), são um subsistema organizacional proposto, inicialmente, por Ansoff e McDonnell.[39] Tal subsistema possui um mercado, um conjunto de concorrentes e uma missão distintos dos outros da empresa, podendo, portanto, ser planejado independentemente dos outros negócios da mesma.

O conceito de UEN surgiu com a finalidade de atender às novas necessidades estratégicas organizacionais, sendo responsável ainda pela subdivisão da realidade dos negócios de uma organização.

---

[39] ANSOFF, H. I.; McDONNELL, E. J. *Implantando a administração estratégica*. 2. ed. São Paulo: Atlas, 1993.

Perspectiva dos clientes

A perspectiva dos clientes é a segunda perspectiva do *balanced scorecard*, na qual se caracteriza a identificação do mercado e dos segmentos nos quais a organização deseja competir. Esses segmentos produzirão o componente de receita dos objetivos financeiros da organização, mantendo a relação de causa-efeito.

O BSC obriga a organização a traduzir o que, genericamente, é dito como atendimento aos clientes em medidas específicas que realcem os fatores importantes para os clientes. As preocupações com os clientes, normalmente, recaem nas seguintes categorias:

- qualidade;
- custo;
- atendimento;
- moral;
- segurança.

Para que o cenário equilibrado funcione, as organizações devem estabelecer objetivos para as categorias acima. Essa perspectiva permite que uma organização alinhe as medidas essenciais de resultados relacionadas aos clientes, tais como satisfação, fidelidade, retenção, captação e lucratividade, com segmentos específicos de clientes e de mercado. Permite também uma clara identificação e avaliação das propostas de valor dirigidas aos segmentos. Essas propostas impulsionarão as medidas essenciais de resultados dessa perspectiva.

A partir de suas observações, Kaplan e Norton[40] concluíram que as organizações, geralmente, selecionam dois conjuntos de medidas para essa perspectiva do cliente. O primeiro conjunto de medidas, também denominado grupo de medidas essenciais, contém as medidas comuns que, praticamente, todas as organizações utilizam:

- participação de mercado – representação da proporção de vendas da empresa em seu respectivo mercado, podendo-se considerar o número de clientes, o capital investido, a quantidade vendida;

---

[40] KAPLAN, R. S.; NORTON, D. P. *A estratégia em ação*: balanced scorecard. Rio de Janeiro: Campus, 1997.

- retenção de clientes – esta medida é uma das mais cobiçadas pela organização. Significa obter retorno da quantidade de clientes que compraram e retornaram;
- captação de clientes – inserem-se as medidas do boca a boca. Quantidades de produtos vendidos a novos clientes;
- satisfação dos clientes – mede o nível de satisfação dos clientes. Do total de clientes que se tem, quantos reclamaram? O que o cliente deseja dos serviços?
- lucratividade de clientes – mede o quanto de esforços estamos dedicando, talvez, a clientes que não utilizam serviços com frequência. Qual cliente terá enfoque?

O grupo de medidas essenciais pode parecer, a princípio, genérico a todas as organizações, mas deve ser feito para grupos específicos de clientes com os quais a unidade de negócio espera obter seu maior crescimento e lucratividade. Essas medidas podem ser agrupadas em uma cadeia formal de relações de causa e efeito, como apresentadas na figura a seguir.

Figura 11
MEDIDAS ESSENCIAIS DA PERSPECTIVA DOS CLIENTES

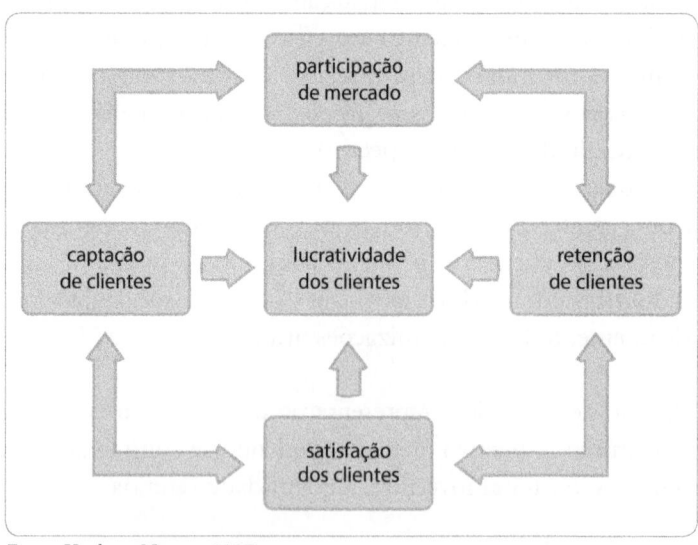

Fonte: Kaplan e Norton, 1997.

O segundo conjunto de medidas contém os impulsionadores dos resultados em relação aos clientes, que consideram as propostas de valor que a organização buscará oferecer a seus segmentos específicos de clientes e mercado.

As organizações devem, cada vez mais, ter como princípio básico o oferecimento de valor ao cliente e identificar as medidas que agreguem valor ao cliente, buscando identificar, pelo segmento de mercado em que atua, o relacionamento que tem com o cliente, sua imagem, sua cultura.

O que a organização deve oferecer a seus clientes para alcançar altos níveis de satisfação, retenção, captação e, consequentemente, participação de mercado? A grande preocupação das empresas é agradar o cliente.

Proposta de valor

Embora as propostas de valor variem de acordo com o setor de atividade e os diferentes segmentos de mercado, Kaplan e Norton[41] observaram a existência de um conjunto comum de atributos que permite sua ordenação em todos os setores para os quais se elaborou o *balanced scorecard*.

Esses atributos podem ser divididos em três categorias, ilustrados na figura 12, que é um exemplo de proposta de valor para uma empresa de transporte urbano de passageiros.

Figura 12
PROPOSTA DE VALOR

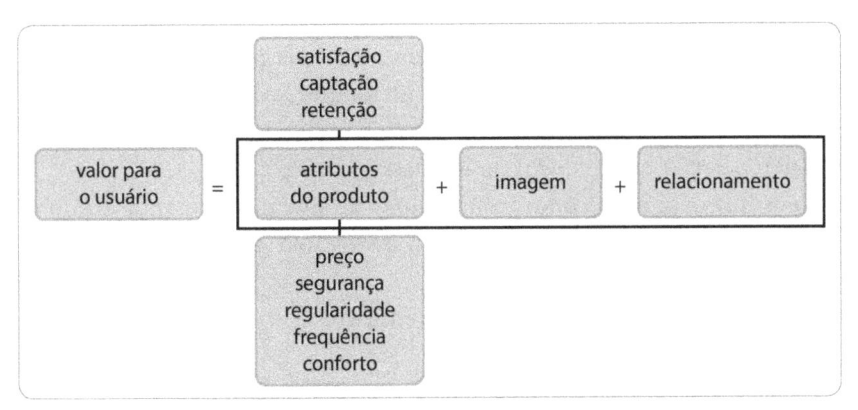

valor para o usuário = atributos do produto (satisfação, captação, retenção / preço, segurança, regularidade, frequência, conforto) + imagem + relacionamento

---

[41] KAPLAN, R. S.; NORTON, D. P. *A estratégia em ação*: balanced scorecard. Rio de Janeiro: Campus, 1997.

A proposta de valor é a maneira por meio da qual uma organização deseja ser vista no mercado, isto é, a forma pela qual ela espera ser conhecida e reconhecida. Assim sendo, representa o objetivo de uma organização. Vale ressaltar que as propostas de valor também se relacionam ao âmbito dos produtos e serviços. Nesse sentido, constituem-se a partir das vantagens e utilidades que esses elementos oferecem aos clientes, de modo a satisfazê-los cada vez mais.

No *modelo genérico da proposta de valor*, os atributos são divididos nas seguintes categorias:

- atributos do produto ou do serviço – abrangem a funcionalidade, as características, o preço, a qualidade percebida do produto/serviço e o tempo;
- imagem e reputação – reflete os valores intangíveis que atraem um cliente para a organização, a organização cidadã, a percepção de valor ou qualidade, a lealdade do cliente. Avalia o respeito e o cumprimento das leis e das medidas regulamentares. Considera o esforço no sentido da qualidade ambiental, da segurança ocupacional e da qualidade de vida;
- relacionamento com o cliente – refere-se à entrega do produto e serviço ao cliente, aos motivos que levam o cliente a comprar na organização, à quantidade de clientes que compram na organização e fazem referência, os que somente compram, e qual a diferença entre essas duas categorias de cliente.

Kaplan e Norton[42] sugerem a seguinte pergunta: como queremos ser vistos por nossos clientes? E respondem a essa pergunta de forma que a resposta nos levará a escolher nosso posicionamento estratégico:

- diferenciação, baixo custo ou mercado de nicho?
- devemos criar um produto e uma imagem que nos diferencie da concorrência, ou devemos trabalhar para reduzir o custo e oferecer o menor preço?
- iremos focar um nicho de mercado restrito?

---

[42] KAPLAN, R. S.; NORTON, D. P. *A estratégia em ação*: balanced scorecard. Rio de Janeiro: Campus, 1997.

Essa resposta irá permear toda a estratégia definida pela organização, desde os clientes até as atividades internas, passando pelas pessoas e resultando nos dados financeiros. Podemos fazer a opção por um modelo híbrido. Atuação em um nicho, trabalhar pelo menor preço e diferenciando o produto e o serviço da concorrência. Porter[43] diz que "a vantagem competitiva está no âmago do desempenho de uma empresa em mercados competitivos".

Perspectivas dos processos internos

Os indicadores da perspectiva dos clientes e financeira são importantes, mas devem ser apoiados em processos internos críticos nos quais a organização deve alcançar a excelência. Para a perspectiva dos processos internos, os executivos identificam os processos mais críticos para a realização dos objetivos dos clientes e financeiros, permitindo que a unidade de negócio ofereça propostas de valor, capazes de atrair e reter clientes em segmentos-alvo de mercado e que possam satisfazer expectativas que os acionistas têm de excelentes retornos financeiros.

Costumam, assim, desenvolver objetivos e medidas para essa perspectiva, depois de formulá-los para a perspectiva financeira e do cliente.

A perspectiva dos processos internos revela duas diferenças fundamentais entre a abordagem tradicional e a abordagem do *balanced scorecard* para a medição de desempenho. A tradicional tenta monitorar e melhorar os processos existentes e pode ir além das medidas financeiras de desempenho, incorporando medidas baseadas no tempo e na qualidade, mesmo que o foco se mantenha na melhoria dos processos existentes. A do *balanced scorecard*, todavia, costuma resultar na identificação de processos inteiramente novos, nos quais uma organização deve atingir a excelência para alcançar os objetivos financeiros e dos clientes.

A segunda diferença da abordagem do BSC é a incorporação de processos de inovação à perspectiva de processos internos, conforme apresentado na figura 13.

---

[43] PORTER, M. E. *Vantagem competitiva*: criando e sustentando um desempenho superior. Rio de Janeiro: Campus, 1989.

Figura 13
INCORPORAÇÃO DE PROCESSOS DE INOVAÇÃO

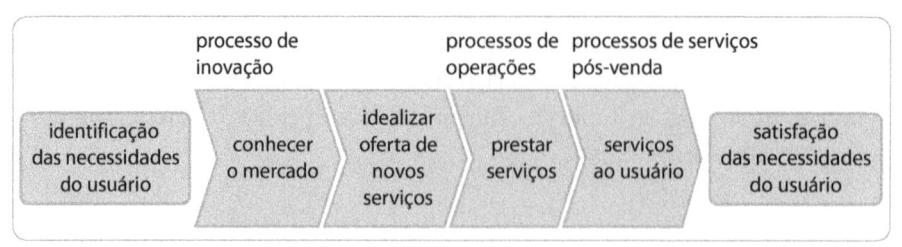

processo de inovação		processos de operações	processos de serviços pós-venda
identificação das necessidades do usuário	conhecer o mercado	idealizar oferta de novos serviços	prestar serviços	serviços ao usuário	satisfação das necessidades do usuário

Fonte: Kaplan e Norton, 1997.

No *balanced scorecard*, os objetivos e as medidas para a perspectiva dos processos internos derivam das estratégias explícitas para o atendimento às expectativas dos acionistas e clientes-alvo. Essa análise sequencial, *top down*, de cima para baixo, costuma revelar processos de negócios inteiramente novos, nos quais a organização deverá buscar a excelência.

Cada organização usa um conjunto específico de processos, a fim de criar valor para os clientes e produzir resultados financeiros. Entretanto, constatou-se que uma cadeia de valor genérica serve de modelo para que as organizações possam adaptar-se ao construir a perspectiva dos processos internos. Esse modelo inclui três processos principais:

A) Inovação:

A unidade de negócio pesquisa as necessidades emergentes ou latentes dos clientes e depois cria os produtos ou serviços que as atenderão. A inovação é um dos processos internos críticos para o futuro da organização. Algumas cadeias de valor, entretanto, consideram a pesquisa e o desenvolvimento como um processo de apoio, não um processo de criação de valor.

B) Operações:

Como descrito anteriormente, o processo de operações não só representa a onda curta da criação de valor nas organizações, tendo como uma das características o tempo de ciclo do pedido de um cliente, como também enfatiza a entrega eficiente, regulamentar e pontual dos produtos e serviços existentes aos clientes atuais. Ele começa com o pedido do cliente e termina com a entrega do produto ou serviço.

A excelência operacional e a redução dos custos nos processos de produção e prestação de serviços ainda constituem metas importantes, mas como mostra a figura 13, essa excelência operacional talvez seja apenas um dos componentes, e não o mais decisivo, de toda uma cadeia de valor baseada na realização dos objetivos financeiros e dos clientes. Esse processo tende a ser repetitivo, enfatiza apenas a entrega eficiente, regular e pontual dos produtos e serviços existentes aos clientes atuais.

A influência recente da gestão pela qualidade total e da competição baseada no tempo, praticadas pelas principais indústrias japonesas, levaram muitas organizações a completar suas medidas tradicionais de custo e finanças com medidas de qualidade e de tempo de ciclo.

C) Serviços pós-venda:

Essa é a fase final da cadeia de valor interna. Inclui a garantia de conserto, correção de defeitos, devoluções e processamento dos pagamentos, como, por exemplo, a administração de cartões de crédito. É a garantia da rapidez no atendimento a falhas reais ou potenciais e a paralisações, o que é um fator diferencial.

Hamel e Prahalad[44] citam o exemplo da Xerox, que criou um setor exclusivo para reclamações, já que as máquinas apresentavam muitos defeitos. Com isso, começaram a oferecer aos clientes máquinas adicionais para substituir as avariadas. A Xerox considerou esse fato como um novo mercado e, assim, criou um departamento de assistência técnica que se tornou um dos principais negócios da Xerox. Quando a Canon lançou as máquinas pessoais e superou os problemas das organizações, a Xerox admitiu que nunca deveria ter deixado as organizações japonesas tomarem a iniciativa no mercado de pequenas copiadoras, embora o sucesso nesse segmento do setor minasse, de certa forma, a estrutura de margens da Xerox.

---

[44] HAMEL, G.; PRAHALAD, C. K. *Competindo pelo futuro*: estratégias inovadoras para obter o controle de seu setor e criar os mercados de amanhã. Rio de Janeiro: Campus, 1995.

Perspectiva do aprendizado e crescimento

O cenário atual é marcado tanto por uma necessidade de melhoria contínua nos processos quanto pelo desenvolvimento da criatividade para a implantação de inovações e capacidades adicionais. Consequentemente, o valor da empresa está diretamente ligado a sua capacidade de continuar a desenvolver os recursos humanos para:

- identificação e aprimoramento das lideranças;
- criação de mais valor para o cliente;
- melhoria da eficiência operacional.

Essas ações dizem respeito à perspectiva dos recursos humanos, do aprendizado e do crescimento. Tal perspectiva sinaliza para o desenvolvimento de objetivos e medidas que orientem o aprendizado e o crescimento da organização. Nesse sentido, um dos aspectos mais inovadores e importantes do *balanced scorecard* é criar instrumentos para o aprendizado organizacional, permitindo:

- a monitoração, o ajuste e a implementação da estratégia;
- se necessário, a execução de mudanças fundamentais na própria estratégia, por meio dos referenciais de curto prazo para as medidas financeiras e não financeiras.

Os objetivos estabelecidos nas perspectivas financeira, do cliente e dos processos internos revelam onde a organização deve se destacar para obter um desempenho excepcional. Entretanto, são os objetivos da perspectiva de aprendizado e crescimento que oferecem a infraestrutura que possibilita a consecução de objetivos ambicionados nas outras três perspectivas.

Seus objetivos são os impulsionadores de resultados excelentes nas três outras perspectivas e enfatizam a importância de se investir no futuro não apenas em áreas tradicionais de investimento mas também em novos equipamentos, em pesquisa e em desenvolvimento de novos produtos. Sem dúvida, os investimentos em equipamentos, pesquisa e desenvolvimento são importantes, mas não são suficientes. A organização também deve investir em infraestrutura quando se deseja alcançar a excelência e os objetivos ambiciosos de crescimento financeiro de longo prazo.

O ânimo dos funcionários e a satisfação com o trabalho são hoje aspectos considerados altamente importantes pela maioria das organizações. Entende-se que um funcionário satisfeito possa aumentar a produtividade, a capacidade de resposta, a qualidade e a melhoria dos serviços aos clientes. Para que a organização alcance um alto nível de satisfação dos clientes, é necessário que estes sejam atendidos por funcionários satisfeitos. Vejamos a figura a seguir:

Figura 14
A ESTRUTURA DE MEDIÇÃO DO APRENDIZADO E CRESCIMENTO

Fonte: Kaplan e Norton, 1997.

A receita por funcionário é um tipo de medida do nível de produtividade dos funcionários de uma empresa. Trata-se, especificamente, da relação entre a receita operacional e o número de funcionários, verificando o volume de produção gerado por cada um.

No passado, as empresas industriais pagavam seus funcionários para executar suas tarefas, não para pensar. A necessidade nos dias de hoje é completamente diferente – o maior ativo que uma empresa tem são seus funcionários. As tarefas e as rotinas podem ser automatizadas, se não agregam valor para a organização, mas a organização nunca poderá automatizar as novas ideias de como melhorar o desempenho dos processos. Ideias estas que somente poderão ser obtidas de pessoas, pois são elas que conhecem os processos tanto interno quanto do cliente, são elas que percebem as necessidades, que têm sentimentos.

Sistemas de informações ajudam a organizar, a sintetizar, a selecionar, a decidir e a operar, visando atingir seus objetivos. As informações geradas pelo sistema de informação apoiam a organização em um contínuo e necessário processo de mudança no qual o homem é parte fundamental. Sua eficácia pode ser avaliada pela capacidade em atender aos objetivos da organização.

Pode-se mencionar que, para a organização, a informação funciona como matéria-prima. Por isso, alguns questionamentos podem ser estabelecidos, tais como:

- Qual o custo de uma informação?
- Como podemos estabelecer parâmetros para responder tal pergunta?

Como resposta, tem-se que o custo de uma informação é um conjunto de fatores que, agregados, podem dar uma ideia desse valor. Toda organização é um sistema de decisões em que cada pessoa participa consciente e racionalmente, escolhendo e decidindo entre alternativas que lhes são apresentadas, de acordo com suas necessidades e objetivos a serem alcançados. No entanto, em relação a resultados atingidos, é necessário levar em consideração dois fatores fundamentais:

- a velocidade com que obteremos, processaremos e divulgaremos as informações;
- os processos de seleção e sintetização, ou seja, o que, realmente, queremos obter de informações.

Com o uso de sistemas de informação, é mais do que sabido que a informação é um fator decisivo no desenvolvimento tecnológico de uma organização. Hoje, a informação é reconhecida como um dos recursos empresariais mais importantes, sendo o principal meio para o processo de tomada de decisão.

Os funcionários precisam estar motivados. Além disso, têm de ser reconhecidos e recompensados. As organizações devem ter diversos indicadores para medir a motivação. É essencial que todos os objetivos individuais e organizacionais estejam alinhados com o foco nos objetivos da empresa, da organização.

Objetivos corporativos

O processo de desdobramento dos objetivos corporativos, tático e operacional tem dois principais objetivos:

- as metas e os objetivos individuais e departamentais, assim como os processos de reconhecimento e recompensa estão alinhados com os objetivos principais;
- a medição do desempenho passa a ser uma responsabilidade de todos.

Essa fase de planejamento do desempenho, com seu desdobramento em todos os níveis, é essencial para assegurar que os objetivos e prazos são atingidos e que todos os envolvidos conhecem exatamente suas responsabilidades. Tais características exigem grande reciclagem dos funcionários, para que suas mentes e capacidades criativas sejam mobilizadas no sentido de alcançar os objetivos organizacionais.

Autoavaliações

Questão 1:

Robert Kaplan entrou em contato com um novo sistema, no qual são importantes elementos como prazos de entrega ao cliente, qualidade e ciclo do processo de produção, além de eficácia no desenvolvimento de novos produtos.
Podemos, então, dizer que esses elementos são características de:

a) aprendizado estratégico.
b) medidas de desempenho.
c) alinhamento empresarial.
d) medidas financeiras tradicionais.

Questão 2:

Os objetivos e as medidas financeiras devem definir o desempenho financeiro esperado da estratégia.
Além disso, os objetivos e as medidas financeiras devem ser:

a) independentes em relação à estratégia da organização.
b) separadas de uma cadeia de relações de causa e efeito.
c) meta principal para objetivos e medidas das demais perspectivas.
d) ignoradas, para alcançar objetivos e medidas de outras perspectivas.

Questão 3:

Os objetivos financeiros podem ser diferentes em cada etapa do ciclo de vida da organização.
As fases consideradas no ciclo de vida de uma organização consistem em:

a) crescimento, sustentação e colheita.
b) crescimento vertical, morte e inovação.
c) crescimento horizontal e crescimento vertical.
d) morte, sustentação do processo e colheita da maturidade.

Questão 4:

Kaplan e Norton demonstram como os executivos podem utilizar o *balanced scorecard* para mobilizar toda a empresa em direção a seus objetivos estratégicos.
Esses autores afirmam que a perspectiva financeira:

a) independe de alguma relação com a execução da estratégia.
b) tem contemplado o ciclo de inovação e a geração de novos produtos.
c) indica se a execução da estratégia melhora os resultados financeiros.
d) oculta as metas finais para os objetivos das outras perspectivas do BSC.

Questão 5:

A perspectiva dos clientes é a segunda perspectiva do *balanced scorecard*. Essa perspectiva permite que a organização alinhe medidas essenciais de resultados.

Podemos, então, afirmar que esses resultados estão relacionados a:

a) propostas de valor com as ondas longas de valor.
b) objetivos de curto prazo com a proposta de valor.
c) processos sem a identificação da proposta de valor.
d) identificação de propostas de valor dirigidas a segmentos.

Questão 6:

Por meio de suas observações, Norton e Kaplan perceberam que as organizações, comumente, selecionam dois conjuntos de medidas para a perspectiva dos clientes.

Desse modo, podemos afirmar que esses conjuntos de medidas são classificados como:

a) medidas estratégicas e diferenciadores de clientes.
b) medidas operacionais e diferenciadores estratégicos.
c) grupos de medidas básicas e impulsionadores de desempenho.
d) grupos de medidas essenciais e impulsionadores de resultados.

Questão 7:

O conjunto de medidas essenciais das perspectivas do cliente contém as medidas que, praticamente, todas as organizações utilizam.
Podemos, então, dizer que essas medidas essenciais consideram:

a) seleção, retenção, relacionamento, participação e captação de clientes.
b) prejuízos, seleção, retenção, relacionamento e lucratividade de clientes.
c) participação de mercado, relacionamento, lucratividade e prejuízos de clientes.
d) participação de mercado, retenção, captação, satisfação e lucratividade de clientes.

Questão 8:

Kaplan e Norton notaram que existe um conjunto comum de atributos que permite sua ordenação em todos os setores para os quais o BSC foi formulado.
Desse modo, o modelo genérico para a proposta de valor considera:

a) atributos dos produtos e dos clientes.
b) atributos dos produtos e dos serviços.
c) reputação, imagem e atributos dos produtos.
d) reputação e relacionamento com fornecedores.

Questão 9:

Uma cadeia genérica de valor serve de base para que as organizações se adaptem a efetuar a perspectiva dos processos internos.
Esse modelo inclui três processos principais, que são definidos como:

a) inovação, operações e serviço de pós-venda.
b) operações, serviço de pós-venda e delegação.
c) agregação de valor, serviço de pós-venda e inovação.
d) delegação, agregação de valor e serviço de pós-venda.

Questão 10:

No cenário atual, o valor de uma empresa está diretamente ligado a sua capacidade de continuar e desenvolver os recursos humanos para identificação e aprimoramento das lideranças, criação de mais valor para o cliente e melhoria da eficiência operacional.
Em vista disso, podemos dizer que essas ações dizem respeito à perspectiva:

a) do cliente.
b) financeira.
c) de processos internos.
d) do aprendizado e crescimento.

Módulo III – Construção do *balanced scorecard*

Módulo III – Construção do *balanced scorecard*

Neste módulo, discutiremos e construiremos o mapa estratégico e as relações de *causa-efeito*, a criação da proposta de valor para o cliente, os temas estratégicos, a quantidade de objetivos em cada perspectiva.

Veremos ainda como construir os painéis estratégicos, o mapa estratégico para as organizações com fins lucrativos e sem fins lucrativos e o desenvolvimento de indicadores de desempenho, bem como *drivers* e *outcomes* e exemplos de indicadores.

Construção do mapa estratégico

Mapa estratégico

Com base no processo estratégico apresentado, são definidos os objetivos estratégicos prioritários para cada uma das perspectivas do *balanced scorecard*. Esses objetivos serão apresentados em um mapa estratégico que é a representação gráfica da estratégia. O mapa estratégico favorece a visualização de uma relação tipo *causa-efeito* entre os objetivos selecionados. Dessa forma, o conjunto de objetivos estratégicos prioritários que compõem o mapa estratégico não é de objetivos isolados, mas sim um conjunto integrado que descreve, consistentemente, a estratégia.

A figura 7 apresenta um exemplo de um mapa estratégico, e nela podemos observar a relação de causa-efeito em cascata a partir da perspectiva do aprendizado e crescimento até a perspectiva financeira. Além disso, os objetivos selecionados devem contribuir para o alcance do D futuro apresentado na figura 1.

Segundo Kaplan e Norton,[45] o mapa estratégico representa o elo perdido entre a formulação e a execução da estratégia. Sua construção é orientada pelas seguintes premissas:

- perspectiva financeira – para sermos bem-sucedidos financeiramente, como deveríamos ser vistos pelos nossos acionistas;
- perspectiva do cliente – para alcançarmos nossa visão, como deveríamos ser vistos pelos nossos clientes;
- perspectiva de processos internos – para alcançarmos nossa visão, como sustentaremos nossa capacidade de mudar e melhorar;
- perspectiva de aprendizado e crescimento – para satisfazermos nossos acionistas e clientes, como sustentaremos a habilidade de aperfeiçoamento e mudança.

O mapa estratégico fornece, portanto, uma representação visual dos objetivos estratégicos da empresa bem como as relações de causa-efeito entre os objetivos, em que as perspectivas são organizadas, intencional-

---

[45] KAPLAN, R. S.; NORTON, D. P. *Mapas estratégicos*: convertendo ativos intangíveis em resultados tangíveis. Rio de Janeiro: Elsevier, 2004.

mente, em camadas hierarquizadas, sendo que a dimensão financeira é situada na parte superior, no caso de organizações com fins lucrativos. Em seguida, alinham-se as camadas correspondentes às vistas do cliente, os quais, por sua vez, são condicionados aos objetivos da dimensão dos processos internos e da aprendizagem e crescimento.

Relação de causa e efeito

Partindo da parte de *aprendizado* e *crescimento*, o *fluxo das setas* deve indicar qual o treinamento necessário para os funcionários, como devemos prepará-los para que sejam capazes de atuar nos processos internos. Tais processos são críticos para o sucesso com os clientes, para os segmentos de mercado que escolhemos e para nosso retorno financeiro. A figura a seguir demonstra essa relação.

Figura 15
RELAÇÃO DE CAUSA E EFEITO

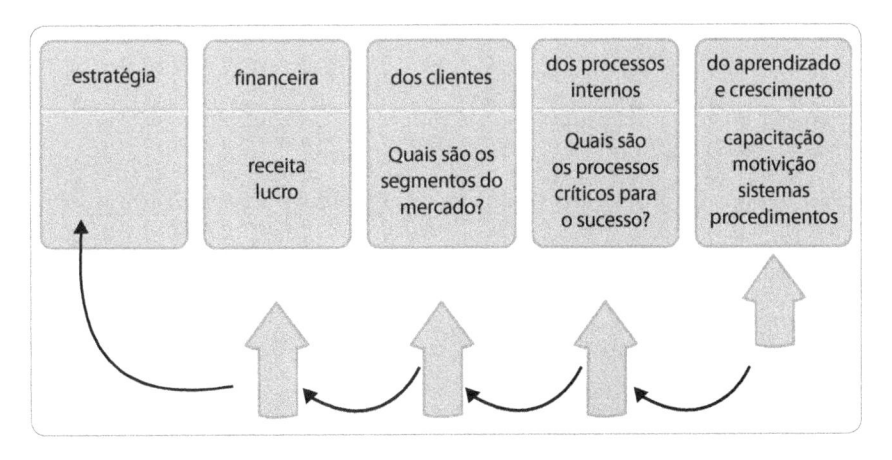

estratégia	financeira	dos clientes	dos processos internos	do aprendizado e crescimento
	receita lucro	Quais são os segmentos do mercado?	Quais são os processos críticos para o sucesso?	capacitação motivição sistemas procedimentos

Visão geral do mapa

Kaplan e Norton[46] afirmam que as empresas podem concentrar seus investimentos no capital humano e, de maneira mais ampla, seus

---

[46] KAPLAN, R. S.; NORTON, D. P. *A estratégia em ação*: balanced scorecard. Rio de Janeiro: Campus, 1997.

investimentos em todos os ativos intangíveis, para criar valor diferenciado e sustentável.

Nos dias atuais, todas as organizações criam valor sustentável por meio da alavancagem de seus ativos intangíveis, capital humano, banco de dados e sistemas de informações, processos de alta qualidade, sensíveis às necessidades dos clientes, relacionamentos com os clientes e gestão de marcas, recursos de inovação e cultura. Uma visão geral do mapa pode ser observada na figura a seguir.

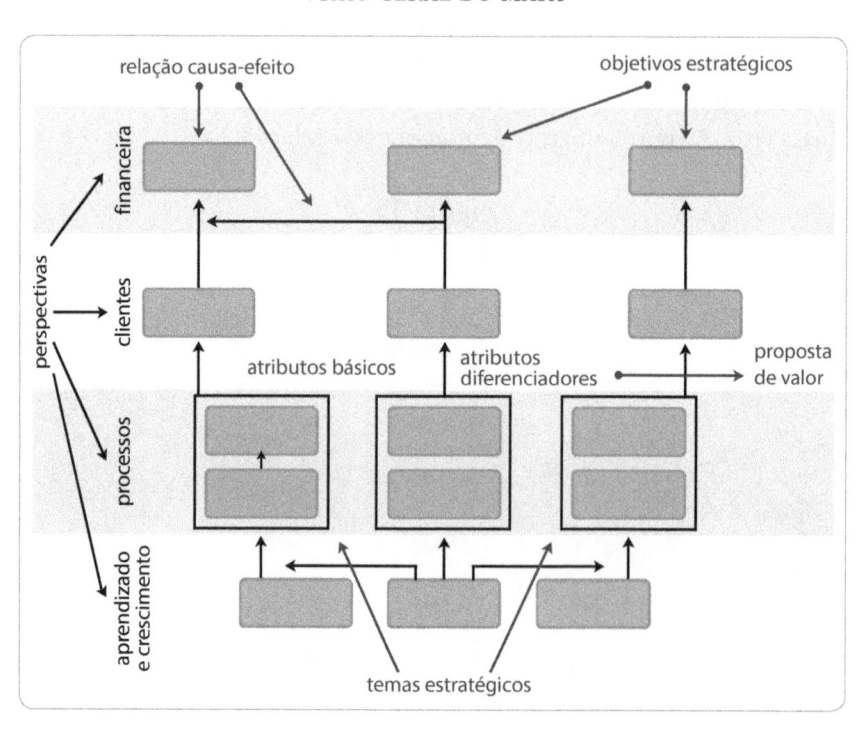

Figura 16
Visão geral do mapa

Os vetores que expressam as relações de causa-efeito, conforme apresentados na figura 17, representam o quanto a melhoria de desempenho alcançada em um objetivo estratégico pode impulsionar o objetivo das perspectivas adjacentes. Contudo, a primeira relação de causa-efeito vista pela organização, geralmente, é feita a partir da percepção de seus gestores.

Figura 17
Exemplo de mapa estratégico de uma organização com fins lucrativos

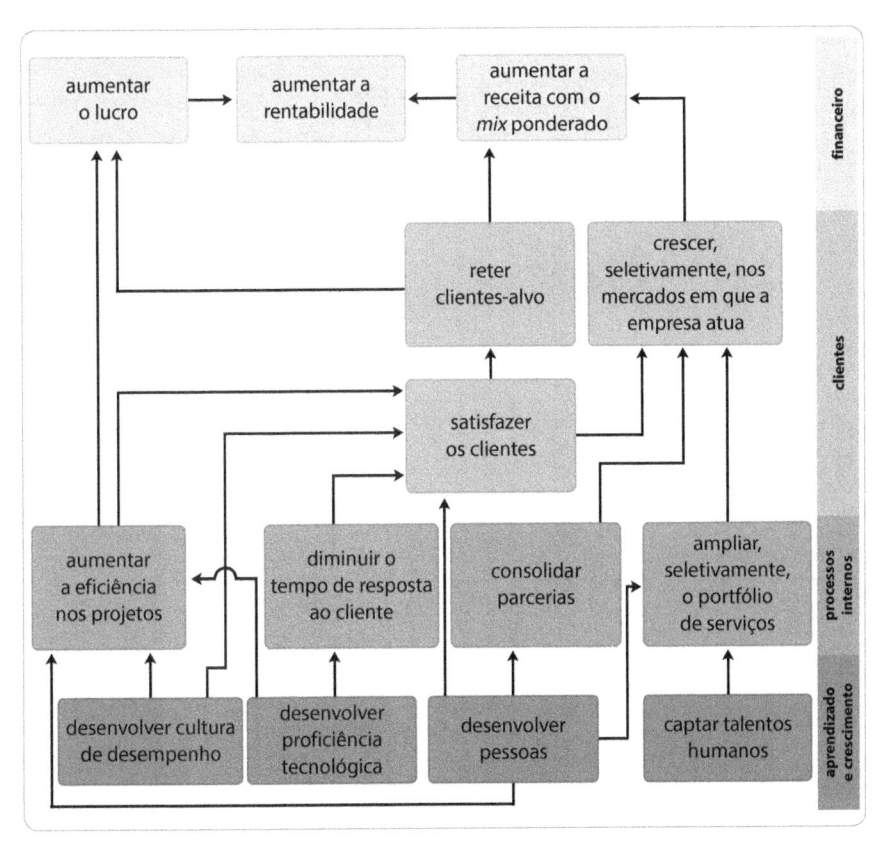

Perspectivas: financeiro, clientes, processos internos, aprendizado e crescimento

Financeiro: aumentar o lucro → aumentar a rentabilidade ← aumentar a receita com o *mix* ponderado

Clientes: reter clientes-alvo; crescer, seletivamente, nos mercados em que a empresa atua; satisfazer os clientes

Processos internos: aumentar a eficiência nos projetos; diminuir o tempo de resposta ao cliente; consolidar parcerias; ampliar, seletivamente, o portfólio de serviços

Aprendizado e crescimento: desenvolver cultura de desempenho; desenvolver proficiência tecnológica; desenvolver pessoas; captar talentos humanos

Kaplan e Norton[47] demonstram, na figura 18, um mapa estratégico que foi produto da evolução do modelo simples das quatro perspectivas do BSC.

---

[47] KAPLAN, R. S.; NORTON, D. P. *Mapas estratégicos*: convertendo ativos intangíveis em resultados tangíveis. Rio de Janeiro: Elsevier, 2004. p. 11.

Figura 18
O MAPA ESTRATÉGICO REPRESENTA COMO A ORGANIZAÇÃO CRIA VALOR

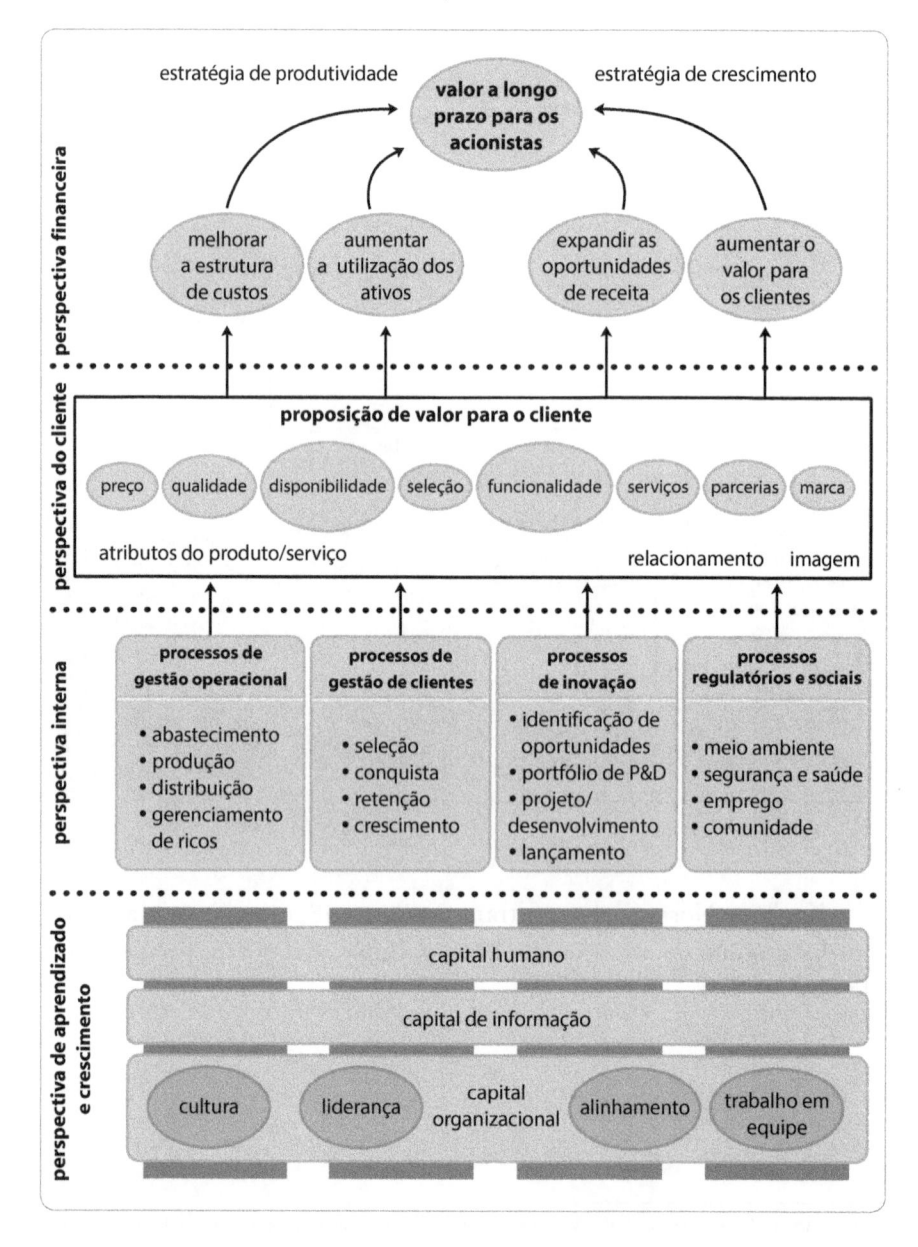

perspectiva financeira

estratégia de produtividade — valor a longo prazo para os acionistas — estratégia de crescimento

- melhorar a estrutura de custos
- aumentar a utilização dos ativos
- expandir as oportunidades de receita
- aumentar o valor para os clientes

perspectiva do cliente

proposição de valor para o cliente

- preço
- qualidade
- disponibilidade
- seleção
- funcionalidade
- serviços
- parcerias
- marca

atributos do produto/serviço — relacionamento — imagem

perspectiva interna

processos de gestão operacional
- abastecimento
- produção
- distribuição
- gerenciamento de ricos

processos de gestão de clientes
- seleção
- conquista
- retenção
- crescimento

processos de inovação
- identificação de oportunidades
- portfólio de P&D
- projeto/desenvolvimento
- lançamento

processos regulatórios e sociais
- meio ambiente
- segurança e saúde
- emprego
- comunidade

perspectiva de aprendizado e crescimento

- capital humano
- capital de informação
- capital organizacional: cultura, liderança, alinhamento, trabalho em equipe

Princípios do mapa estratégico

Kaplan e Norton[48] apresentam o mapa estratégico baseado em alguns princípios:

A) A estratégia equilibra forças contraditórias:

Os investimentos em ativos intangíveis para aumentar receita a longo prazo não raro conflitam com o corte de custos para melhorar o desempenho financeiro a curto prazo. O principal objetivo das organizações do setor privado é a promoção do crescimento sustentável do valor para os acionistas. Isso implica comprometimento com o longo prazo. Ao mesmo tempo, a organização precisa apresentar melhoria dos resultados em curto prazo, os quais sempre podem ser atingidos com o sacrifício dos investimentos a longo prazo, em geral de maneira imperceptível. Assim, o ponto de partida da descrição da estratégia é equilibrar e articular os objetivos financeiros de curto prazo de redução de custos e de melhoria da produtividade com o objetivo de longo prazo de aumento de lucratividade.

B) A estratégia baseia-se em proposição de valor diferenciada para os clientes:

A satisfação dos clientes é fonte da criação de valor sustentável. A estratégia exige definição nítida dos segmentos de clientes-alvo e da proposição de valor necessária para agradá-los. A clareza dessa proposição de valor é a dimensão mais importante da estratégia. Dizem ainda que, por experiência prática, observaram quatro grandes proposições de valor para os clientes e as estratégias a elas correspondentes, que são:

- baixo custo total;
- liderança do produto;
- soluções completas para os clientes;
- aprisionamento – *lock-in*.

---

[48] KAPLAN, R. S.; NORTON, D. P. *Mapas estratégicos*: convertendo ativos intangíveis em resultados tangíveis. Rio de Janeiro: Elsevier, 2004.

E que cada uma dessas proposições de valor define, com clareza, os atributos a serem atendidos para que os clientes fiquem satisfeitos.

C) Cria-se valor por meio dos processos internos:

As perspectivas financeiras e de clientes nos mapas estratégicos e nos *balanced scorecards* descrevem os resultados, ou seja, o que a organização espera atingir:

- aumento no valor para os acionistas mediante crescimento da receita e melhoria da produtividade;
- aumento da participação da empresa nos gastos dos clientes, por meio de conquista, satisfação, retenção, fidelidade e crescimento dos clientes.

Esse processo das perspectivas interna e de aprendizado e crescimento impulsiona a estratégia, demonstrando a implementação da estratégia.

D) A estratégia compõe-se de temas complementares e simultâneos:

Os grupamentos oferecem benefícios em diferentes momentos. Eles abordam que os aprimoramentos nos processos operacionais quase sempre geram resultados a curto prazo. Os processos de inovação, geralmente, levam ainda mais tempo para produzir receitas e margens operacionais mais altas e os processos do aprimoramento dos processos regulatórios e sociais podem ocorrer a longo prazo.

O alinhamento estratégico determina o valor dos ativos intangíveis. Este é abordado como a quarta perspectiva do mapa, a do aprendizado e crescimento, que trata dos ativos intangíveis da organização e de seu papel na estratégia. Eles podem ser classificados em três categorias:

- capital humano – habilidades, talento e conhecimento dos empregados;
- capital da informação – banco de dados, sistemas de informação, redes e infraestrutura tecnológica;
- capital organizacional – cultura, liderança, alinhamento dos empregados, trabalho em equipe e gestão do conhecimento.

Medidas de desempenho no mapa

Eventualmente, o mapa estratégico pode ser representado com as medidas de desempenho incorporadas no mapa conforme mostra a figura 19. Esse tipo de representação permite ao mesmo tempo a visualização dos objetivos estratégicos e dos *gaps* de desempenho dado pela diferença entre o desempenho atual (representado nos indicadores pelo ponteiro mais claro) e do desempenho desejado (representado nos indicadores pelo ponteiro mais escuro) em cada uma das medidas.

As medidas de desempenho no mapa estratégico podem ainda conter faixas de operação relacionadas com o desempenho atual. No modelo apresentado na figura 19 vemos que cada medica contém três faixas de operação:

- uma faixa definida entre 0% a 30% – que, simbolicamente, pode ser representada pela cor vermelha, para indicar uma faixa de valores indesejados que irão exigir ações corretivas urgentes;
- uma faixa definida entre 31% a 70% – que, simbolicamente, pode ser representada pela cor amarela, para indicar uma faixa de valores que irão exigir atenção e ações corretivas;
- uma faixa definida entre 71% a 100% – que, simbolicamente, pode ser representada pela cor verde para indicar uma faixa de valores aceitáveis.

Essas faixas, normalmente, estão presentes em medidas apresentadas em *softwares* de *balanced scorecard* e os tamanhos de cada faixa de operação são customizáveis conforme a preferência do usuário.

Figura 19
MEDIDAS DE DESEMPENHO NO MAPA ESTRATÉGICO –
O *FORMAT COCKPIT*

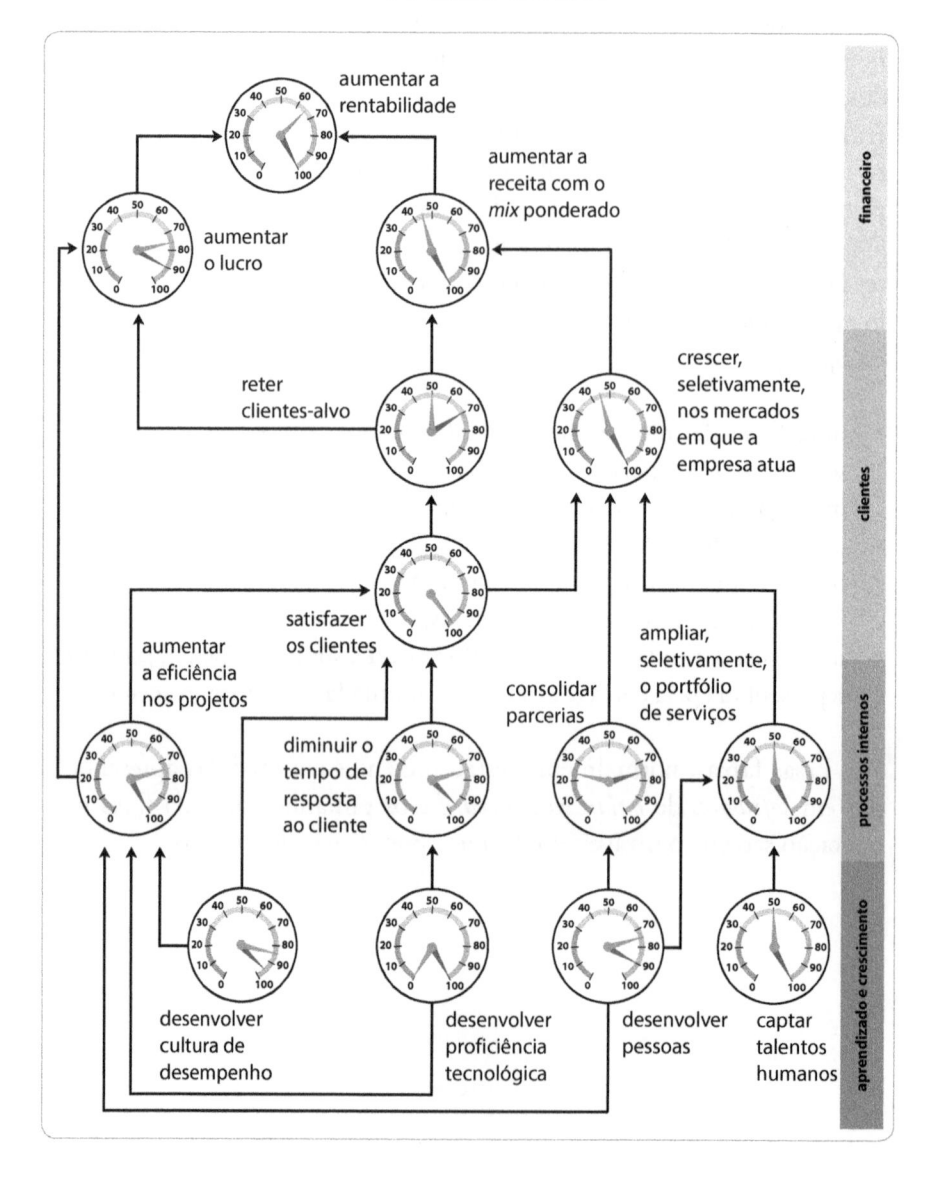

- aumentar a rentabilidade
- aumentar a receita com o *mix* ponderado
- aumentar o lucro
- reter clientes-alvo
- crescer, seletivamente, nos mercados em que a empresa atua
- satisfazer os clientes
- ampliar, seletivamente, o portfólio de serviços
- aumentar a eficiência nos projetos
- consolidar parcerias
- diminuir o tempo de resposta ao cliente
- desenvolver cultura de desempenho
- desenvolver proficiência tecnológica
- desenvolver pessoas
- captar talentos humanos

financeiro | clientes | processos internos | aprendizado e crescimento

Estratégias

Exemplos de temas estratégicos

Temas estratégicos são os *grandes blocos* que auxiliam a empresa no alcance da visão de futuro. São formados por um conjunto de objetivos que apresentam um encadeamento lógico e têm uma finalidade em comum.

Os temas estratégicos estão presentes mais frequentemente na perspectiva de processos. Alguns exemplos são: inovação; excelência operacional; relacionamento com o cliente; responsabilidade social.

Cabe explicar que um mapa estratégico pode ser desenvolvido considerando áreas temáticas, como pode ser observado na figura a seguir. Repare que, no interior das áreas temáticas, encontram-se reunidos os objetivos correlacionados com o tema.

Figura 20
Exemplo de mapa estratégico temático

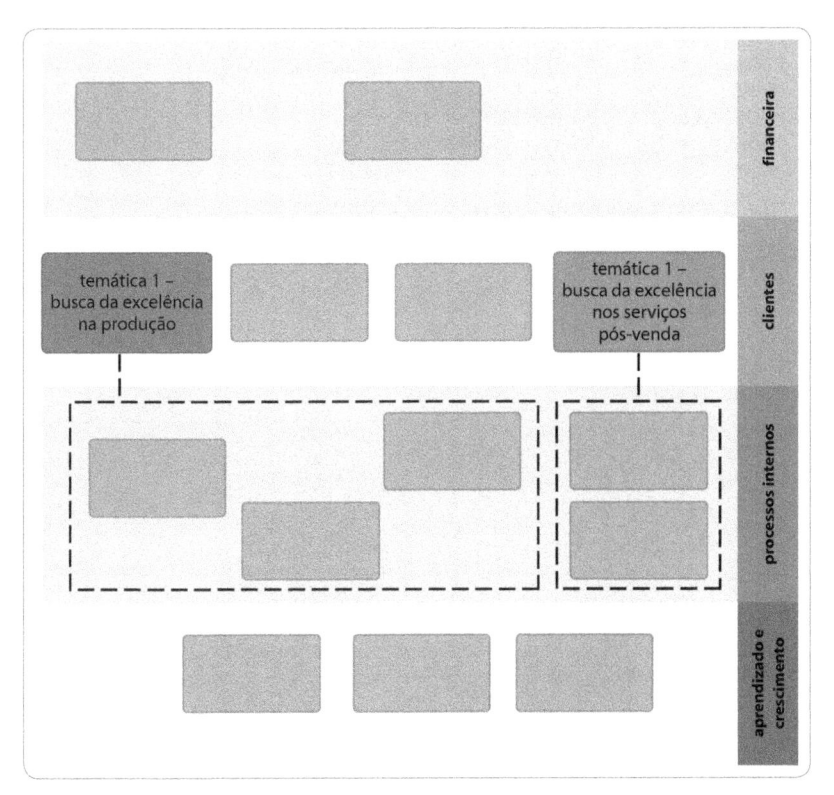

Proposta de valor

Equação de valor

Equação de valor é o conjunto de atributos requisitados pelos clientes, que integram um determinado segmento de mercado, contém atributos básicos e os diferenciadores. Os atributos básicos são oferecidos por todos os competidores em um determinado mercado; já os atributos diferenciadores são reconhecidos pelos clientes e caracterizam um posicionamento único de valor.

A proposta de valor sintetiza a maneira pela qual a empresa quer ser vista por seus clientes, como será conhecida e reconhecida, expressando resultados tangíveis que esses clientes podem obter.

Na figura a seguir, apresentamos o modelo genérico para proposta de valor.

Figura 21
MODELO GENÉRICO PARA PROPOSTA DE VALOR

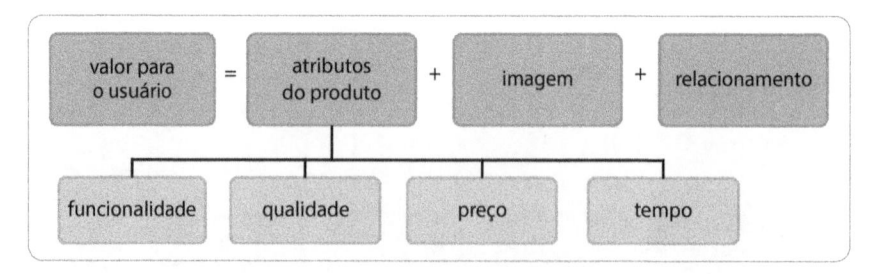

valor para o usuário = atributos do produto + imagem + relacionamento

- funcionalidade
- qualidade
- preço
- tempo

Mapa de valor e mapa estratégico

Vejamos, na figura a seguir, um exemplo de mapa de valor:

Figura 22
MAPA DE VALOR

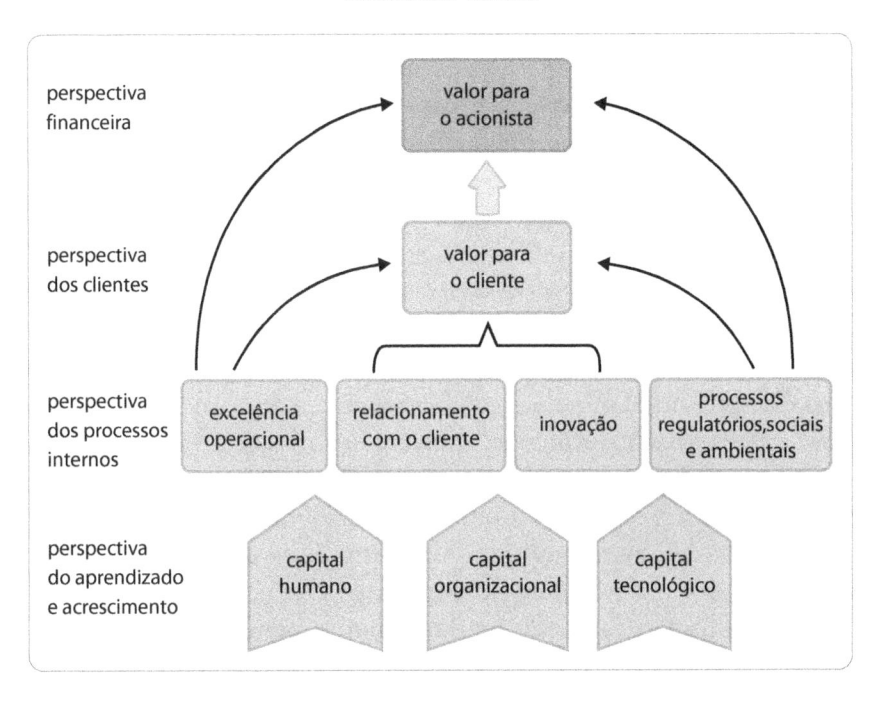

```
                          valor para
perspectiva               o acionista
financeira
                          
                          valor para
perspectiva               o cliente
dos clientes

perspectiva   excelência  relacionamento  inovação  processos
dos processos operacional com o cliente             regulatórios, sociais
internos                                            e ambientais

perspectiva   capital     capital         capital
do aprendizado humano    organizacional   tecnológico
e acrescimento
```

Norton[49] fala sobre quantos objetivos um mapa estratégico deve conter e inicia seu artigo fazendo uma pergunta. Se um bom *scorecard* é constituído por 23 a 25 medidas, então cinco delas deveriam incidir sobre os clientes, os processos internos e de aprendizado e crescimento. É assim que o Hackett Group caracteriza o *balanced scorecard* em uma pesquisa.

Norton questiona: há fundamento para isso? E diz que metade das 60 empresas supervisionadas por Hackett alegou ser usuária do *balanced scorecard*. Para a maioria desses usuários, quase três quartos de seu desempenho ainda são medidas financeiras. Isso comparado a 82% daqueles que não fazem uso do *balanced scorecard*.

---

[49] NORTON, David P. *Beware*: unbalanced scorecard. Boston: HBSP, 2000.

Não há muita diferença entre aqueles que fazem ou não uso do *balanced scorecard*. O *balanced scorecard* é um processo que as empresas se sentem obrigadas a adotar a fim de se manter atualizadas.

Expressão *balanced*

Não é surpresa que as empresas mencionadas tenham participado de uma pesquisa de *benchmarking* para a melhoria da qualidade de seus sistemas de medição. O que é surpreendente é que elas ainda usam o termo *balanced* para descrever seus *scorecards*, dando predominância para as medidas financeiras. Isso levou-nos a pensar – um dos sintomas da falha é usar o termo somente como moda.

Esse foi o caso da *reengenharia, empowerment, aprendizagem organizacional* e muitos outros. Infelizmente, muitas pessoas usam esses termos, sem compreendê-los ou sem mudar nada. Em última análise, a ideia é desacreditada porque as pessoas percebem que não há nada. Portanto, vamos definir a expressão *balanced*.

Vejamos o que é *empowerment*: conhecido como uma técnica gerencial que ajuda a melhorar os processos e o rendimento de organizações, por meio da descentralização do poder, isto é, da delegação de poderes que vai dos níveis hierárquicos mais elevados para os mais baixos. Torna-se indispensável, nesse sentido, tanto o comprometimento dos funcionários quanto o reconhecimento do valor dos mesmos, de modo a conferir-lhes poder de decisão e responsabilidades, para que sejam mais independentes e possam resolver, por si mesmos, problemas que envolvam suas atividades diretas.

Se alguém alega ter um *balanced scorecard*, então quantas medidas são necessárias para criar esse equilíbrio? Temos duas fontes autorizadas para essa resposta. A primeira é o próprio trabalho do Hackett Group, que conduziu a abordagem do mapa estratégico. Para um bom *scorecard*, poderíamos esperar, aproximadamente, de 23 a 25 medidas, que estarão agrupadas em diferentes categorias, como apresentado na tabela 2.

Tabela 2
QUANTIDADE DE MEDIDAS PROPOSTAS POR PERSPECTIVA

Perspectivas	Quantidade de medidas	Percentual (%)
Financeira	5	22
Clientes	5	22
Processos internos	8 a 10	34
Aprendizado e crescimento	5	22

Um estudo independente, realizado por Best Practices, LLC,[50] em 1998, analisou os *scorecards* de 22 organizações que tiveram sucesso na implementação do *balanced scorecard*. Eles encontraram o número de medidas para serem distribuídas da forma apresentada na tabela a seguir.

Tabela 3
NÚMERO DE MEDIDAS A SEREM DISTRIBUÍDAS

Perspectivas	Medidas (%)
Financeira	20
Clientes	24
Processos internos	37
Aprendizado e crescimento	18

Comparação

Uma comparação entre os estudos realizados pelo Hackett Group e pelo Best Practices é mostrada graficamente na figura 23.

---

[50] NORTON, David P. *Beware*: unbalanced scorecard. Boston: HBSP, 2000.

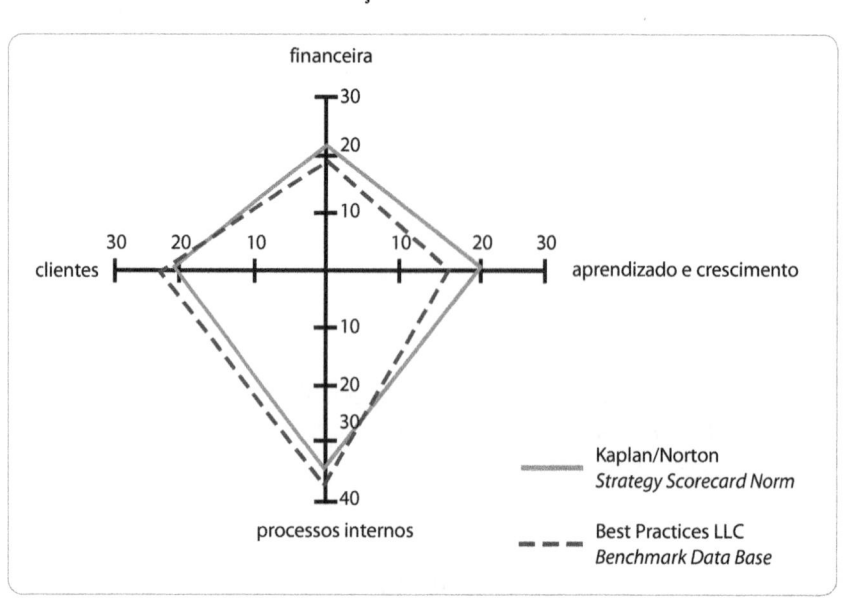

Figura 23
COMPARAÇÃO ENTRE ESTUDOS

[Gráfico radar com eixos: financeira, aprendizado e crescimento, processos internos, clientes. Legenda: Kaplan/Norton *Strategy Scorecard Norm*; Best Practices LLC *Benchmark Data Base*]

Cada um mostra, aproximadamente, equilíbrio de 18% a 22% para as perspectivas financeiras, clientes e aprendizagem. Cada um mostra também uma maior ênfase no processo interno de 34% a 37%. Isso reflete o entendimento de que a perspectiva dos processos internos são os *drivers* das perspectivas financeiras e *outcome* da perspectiva dos clientes.

Em ambos os casos, as classificações são de, aproximadamente, 80% de medidas não financeiras.

Construção dos painéis estratégicos

Alvos correspondentes e iniciativas

A partir das perspectivas, no mapa estratégico, selecionamos os indicadores de desempenho e fixamos as metas para cada um deles. Kaplan e Norton[51] afirmam que a gestão das ações estratégicas é reali-

---
[51] KAPLAN, R. S.; NORTON, D. P. *A estratégia em ação*: balanced scorecard. Rio de Janeiro: Campus, 1997.

zada pelo acompanhamento desses indicadores, que passam a constituir parte essencial do alinhamento da organização à estratégia estabelecida.

Os indicadores, alvos correspondentes e iniciativas são descritos em um painel estratégico. Segundo esses autores,[52] as medidas contidas no painel estratégico servem "para articular a estratégia da empresa, para comunicar esta estratégia e para ajudar a alinhar iniciativas individuais, organizacionais e interdepartamentais, com a finalidade de alcançar uma meta comum".

Além disso, complementam as medidas financeiras do desempenho passado com vetores que impulsionam o desempenho futuro e fornecem a estrutura necessária para a tradução da estratégia em termos operacionais.

Na figura a seguir, apresentamos um painel estratégico genérico.

Figura 24
PAINEL ESTRATÉGICO GENÉRICO

Perspectivas que refletem a visão e estratégia empresarial:
- financeira;
- clientes;
- processos internos;
- pessoas.

Como será medido e acompanhado o sucesso do alcance do objetivo.

Atividades que serão desenvolvidas para se alcançar os objetivos.

O que deve ser alcançado e o que é crítico para o sucesso da organização.

O nível de desempenho ou a taxa de melhoria necessários.

| Objetivos estratégicos | Indicadores | Meta (alvo) | Iniciativas |

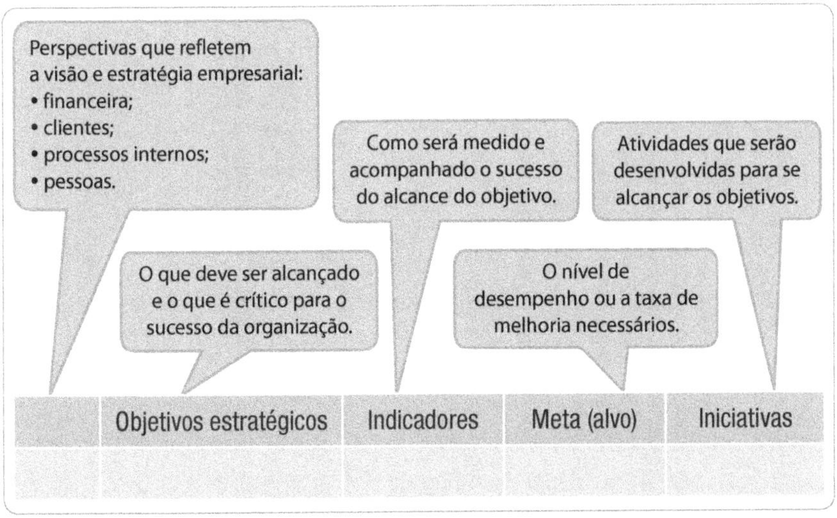

Para construirmos os painéis estratégicos, é importante fazer um quadro que contenha os objetivos, os indicadores, o alvo, as iniciativas e os projetos estruturadores, conforme o quadro 9.

---

[52] KAPLAN, R. S.; NORTON, D. P. *A estratégia em ação*: balanced scorecard. Rio de Janeiro: Campus, 1997.

Quadro 9
Construção do painel estratégico

	Objetivos estratégicos	Indicadores	Alvos	Iniciativas/projetos estruturadores
Definição	São derivados da estratégia e definem o que a organização deseja alcançar.	Sinalizam o desempenho da organização para cada um dos objetivos apresentados na coluna anterior – um objetivo pode estar associado a mais de um indicador.	São as metas dos objetivos com base nos indicadores definidos na coluna anterior – determinam o nível de desempenho esperado em cada indicador.	Projetos ou ações propostas que contribuam para o alcance dos objetivos.
Perspectiva dos clientes externos				
Exemplo	Satisfação dos clientes.	Total de clientes satisfeitos/total de clientes pesquisados. Obs.: total de clientes satisfeitos = avaliação superior a 9,0.	85% – até o final do primeiro ano. 90% – até o final do segundo ano. 93% – até o final do terceiro ano.	Ampliação dos canais de atendimento ao cliente. Redução do tempo de entrega. Obs.: a realização de pesquisas de satisfação, por exemplo, não contribui para o alcance da meta.

Apresentação das perspectivas

Uma organização com fins lucrativos recebe a ordem clássica das perspectivas (vistas de baixo para cima no mapa estratégico):

- do aprendizado e crescimento;
- dos processos internos;
- dos clientes externos;
- financeira.

Nesse caso, deve-se também apresentar a visão de futuro no topo do mapa estratégico.

Em uma organização sem fins lucrativos ou governamental, por sua vez, as relações de causa-efeito entre as perspectivas partem da perspectiva do aprendizado e crescimento, passando pela perspectiva dos processos internos e financeira, seguindo para a perspectiva dos clientes (ou sociedade) com o texto da missão no topo do mapa estratégico.

A diferença ocorre, portanto, pela mudança da ordem de apresentação das perspectivas. A figura 25 mostra um exemplo de organização sem fins lucrativos.

Figura 25
INFORMAÇÕES DO PAINEL ESTRATÉGICO

organizações do setor público e entidades sem fins lucrativos

missão

perspectiva fiduciária
Se formos bem-sucedidos, como cuidaremos dos contribuintes (ou doadores)?

perspectiva do cliente
Para realizar nossa visão, como devemos cuidar de nossos clientes?

perspectiva interna
Para satisfazer nossos clientes e doadores, em que processos de negócios devemos se excelentes?

perspectiva de aprendizado e crescimento
Para realizar nossa visão, como a organização deve aprender e melhorar?

O mapa estratégico representa como a organização cria valor.

Indicadores de desempenho

Indicadores de desempenho estratégico são aqueles escolhidos pela alta direção para medir o desempenho da estratégia. A partir deles, a organização comprova ou verifica se está alcançando os resultados esperados com a estratégia escolhida ou se é preciso fazer ajustes para atingir as metas, os objetivos e a visão de futuro. O quadro 10 mostra uma definição de indicador de desempenho bem como de outros termos relacionados.

Quadro 10
DEFINIÇÕES DE TERMOS RELACIONADOS COM O DESEMPENHO ESTRATÉGICO

Medição de desempenho	Processo de quantificar a eficiência e a eficácia da ação.
Indicador de desempenho	Métrica usada para quantificar a eficiência e eficácia de uma ação. A eficiência implica tanto usar a menor quantidade possível de recursos para um propósito quanto obter a maior quantidade possível de resultados para um gasto determinado.
Sistema de medição de desempenho	Conjunto de indicadores usado para quantificar a eficiência e eficácia das ações.
Eficácia	Grau de cumprimento dos propósitos previstos inicialmente para uma atividade, independentemente dos recursos destinados para tal finalidade.
Eficiência	Relaciona-se com o melhor uso dos recursos para alcançar os propósitos previstos. Implica tanto usar a menor quantidade possível de recursos para um propósito quanto obter a maior quantidade possível de resultados para um gasto determinado.
Sustentabilidade	Grau em que os resultados de um programa ou uma atividade se mantêm no tempo. A sustentabilidade depende da estabilidade institucional, equilíbrio financeiro e adaptação às condições externas, sejam políticos, demográficos, econômicos ou culturais, entre outros fatores.

Os indicadores estão presentes no cotidiano de cada pessoa, e com bastante frequência. Segundo a Fundação Nacional da Qualidade (FNQ), o *indicador* é conceituado como uma relação matemática que mede, numericamente, atributos de um processo ou de seus resultados, com o objetivo de comparar esse indicador com metas numéricas preestabelecidas. Os indicadores servem para:

- esclarecer valores;
- diagnosticar problemas;
- comunicar estratégia;
- entender processos;
- definir responsabilidades;
- envolver as pessoas;
- fazer parte ativa da remuneração funcional;
- melhorar o controle e o planejamento;
- identificar ações de melhoria;
- mudar comportamentos;
- tornar possível a visualização de resultados;
- facilitar a delegação de responsabilidades.

Os indicadores de desempenho podem ser classificados como *outcomes* ou *drivers*. Os *outcomes* são indicadores de resultado, enquanto os *drivers* são indicadores relacionados com fatores que estão de alguma forma relacionados com o resultado desejado. Em muitas situações, um *outcome* é difícil de ser obtido, considerando o tempo e os recursos que uma organização dispõe, e utilizamos, então, *drivers* como indicadores para monitorar o desempenho. Por exemplo: podemos entender que o volume de papelão produzido para o mercado interno (*driver*) está intimamente relacionado com o crescimento da atividade econômica desse país (*outcome*).

Qualquer indicador, por mais simples que seja, necessita estar acompanhado de um processo metodológico que forneça a orientação necessária para o responsável pelo indicador realizar a medição. Por exemplo, quando desejamos medir a rapidez no atendimento em uma loja de *fast food*, podemos considerar como indicador a média dos tempos entre a entrada na fila até o momento em que o cliente se senta, conforme equação a seguir:

$$R = \frac{\sum_{i-1}^{n}(T_{final} - T_{inicial})}{n}$$

Onde: n = total de clientes da amostra.

Porém, ao realizar a medição é possível que o responsável não perceba que um cliente que optou por atender seu telefone celular e terminar a conversa antes de se sentar não deveria fazer parte da amostra para não causar distorções. Outro ponto que deve ser levado em consideração no processo de medição nesse exemplo é a sazonalidade inerente ao negócio. Esse exemplo serve para mostrar que, além de definir um indicador, temos de definir a metodologia para realizar a medição.

Apresentamos, a seguir, alguns elementos que estão associados a um indicador que podem ser utilizados para uma especificação mais detalhada:

A) Título:

- estar claramente definido;
- representar exatamente o que está sendo medido.

B) Finalidade:

- ter relevância;
- ter uma finalidade explícita.

C) Relação com o objetivo do negócio:

- ser derivado da estratégia;
- estar relacionado com metas específicas;
- focar na melhoria.

D) Meta:

- ter finalidade explícita;
- fazer parte do ciclo de revisão gerencial;
- focar na melhoria relevante.

E) Frequência de medição:

- fornecer retroalimentação em tempo adequado com confiabilidade;
- ser reportado em um formato simples e consistente;
- fornecer informações;

- variar em função do nível hierárquico e da importância da atividade para os resultados.

F) Frequência de revisão:

- rever sempre que ocorrerem mudanças significativas no cenário competitivo da empresa.

G) Fórmula:

- estar claramente definida e ser simples para entender;
- possuir legenda para as abreviações utilizadas;
- refletir o processo a ser medido;
- adotar taxas ao invés de números absolutos;
- representar, exatamente, o que está sendo medido.

H) Responsável pela coleta:

- usar dados quando possível, que sejam automaticamente coletados como parte do processo.

I) Fonte dos dados:

- definir as fontes de obtenção dos dados;
- avaliar a acessibilidade aos dados.

J) Metodologia:

- possuir uma metodologia clara e bem definida de coleta de dados e cálculo dos indicadores de desempenho.

K) Responsável pela análise dos dados:

- explicitar o comportamento requerido do responsável;
- nomear a pessoa responsável pelos indicadores de desempenho;
- fornecer informações relevantes.

L) Diretrizes para análise:

- estar relacionado com metas específicas;
- nomear as pessoas que irão promover ações a partir das informações geradas;
- explicitar o comportamento requerido das pessoas que agirão em cima das informações provindas da medição.

Os indicadores de desempenho estratégico podem ser apresentados em painéis que contêm outras informações associadas ao indicador que são importantes para orientar o responsável pela medição do desempenho ou pessoas que acompanham o processo de medição. O quadro a seguir mostra um exemplo de painel de indicador.

Quadro 11
Exemplo de painel de indicador

Objetivo	Aumento da capacidade de investimento.
Nome do indicador	LC
Descrição do indicador	Indicador para medição da liquidez corrente.
Indicador	$LC = \dfrac{AC}{PC}$
Legenda	LC = liquidez corrente; AC = ativo circulante; PC = passivo circulante.
Unidade de medida	Adimensional
Amplitude do indicador	0 a 3
Periodicidade da medida	Anual
Metodologia	Índice apurado no final de cada período com informações gerenciais de saldos de contas. Se a liquidez corrente for superior a 1, tal fato indica a existência de um capital circulante – capital de giro – líquido positivo.

continua

Referências e alvos	Valor atual	Ano 1	Ano 2	Ano 3	Ano 4	Ano 5
	0,8	1,0	1,2	1,3	1,4	1,5
Responsável	Maria					
Faixas de preferência	Vermelha – faixa inaceitável		Amarela – faixa perigosa		Verde – faixa aceitável	
	LIR	LSR	LIY	LSY	LIG	LSG
	0,0	0,5	0,5	1,0	1,0	3
Faixas de operação do indicador	■ LIR = limite inferior vermelho; LSR = limite superior vermelho; ■ LIY = limite inferior amarelo; LSY = limite superior amarelo; ■ LIG = limite inferior verde; LSG = limite superior verde.					

Em um sistema de medição de desempenho e gestão da estratégia, devemos, preferencialmente, selecionar os indicadores considerando:

- a simplicidade e facilidade de compreensão;
- a comparabilidade entre empresas de um mesmo grupo ou empresas concorrentes;
- a facilidade e o custo de obtenção dos dados para seu cálculo.

Autoavaliações

Questão 1:

O conjunto de atributos requisitados pelos clientes que integram um determinado segmento de mercado é o que chamamos *equação de valor*. Podemos, então, classificar esses atributos como:

a) básicos e gerais.
b) especiais e específicos.
c) genéricos e específicos.
d) básicos e diferenciadores.

Questão 2:

A construção do mapa estratégico e do painel estratégico são etapas que devem ser consideradas na construção do *balanced scorecard*.
Com relação ao mapa estratégico, podemos afirmar que:

a) fornece uma representação deficiente dos objetivos estratégicos.
b) estabelece uma representação visual da estrutura da organização.
c) sua construção é orientada pelas quatro perspectivas originais do BSC.
d) sua construção é orientada por duas perspectivas – financeira e dos clientes.

Questão 3:

Observe a figura a seguir:

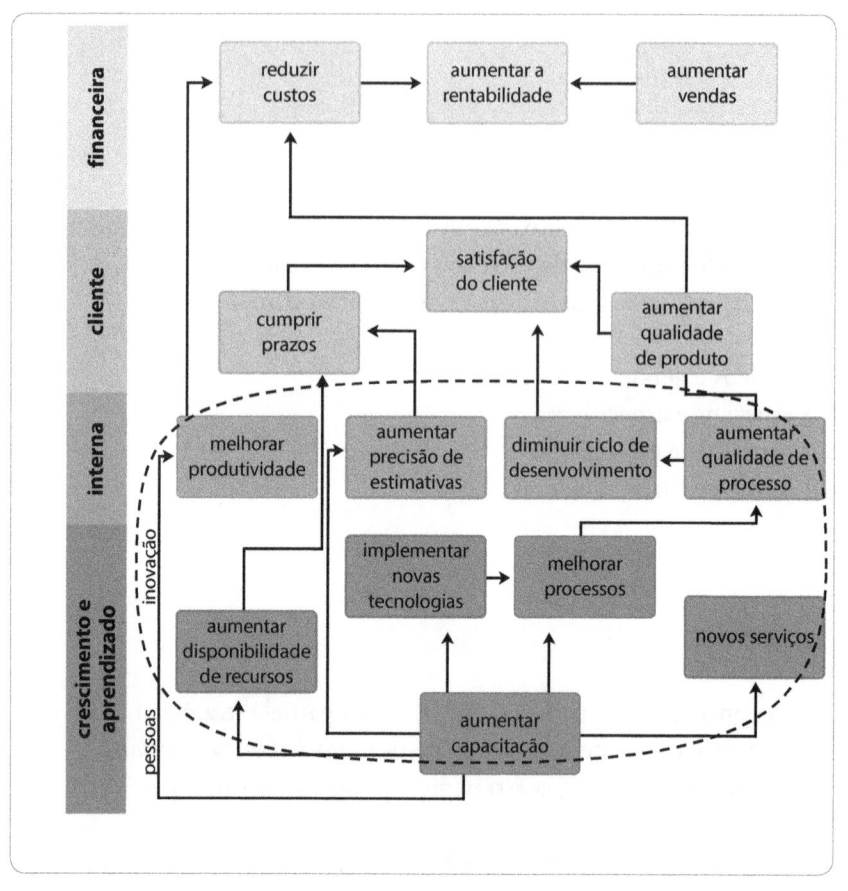

[Figura: Mapa estratégico com perspectivas financeira, cliente, interna, e crescimento e aprendizado (inovação/pessoas), contendo caixas como "reduzir custos", "aumentar a rentabilidade", "aumentar vendas", "satisfação do cliente", "cumprir prazos", "aumentar qualidade de produto", "melhorar produtividade", "aumentar precisão de estimativas", "diminuir ciclo de desenvolvimento", "aumentar qualidade de processo", "implementar novas tecnologias", "melhorar processos", "aumentar disponibilidade de recursos", "novos serviços", "aumentar capacitação".]

Fonte: Sabesp. Disponível em: <www.sabesp.com.br/Calandraweb/CalandraRedirect/?temp=4&proj=investidoresnovo&pub=T&docid=C4859F0185CE6CCE832577A100538290&docidPai=1698C08F24239E5A8325768C00517EF8>. Acesso em: 1 jun. 2013.

Podemos, então, afirmar que a figura acima representa um:

a) exemplo de mapa de valor.
b) exemplo de mapa estratégico.
c) modelo de mapa de procedimentos.
d) modelo de orçamento para ações estratégicas.

Questão 4:

Vejamos as seguintes figuras.

Figura I

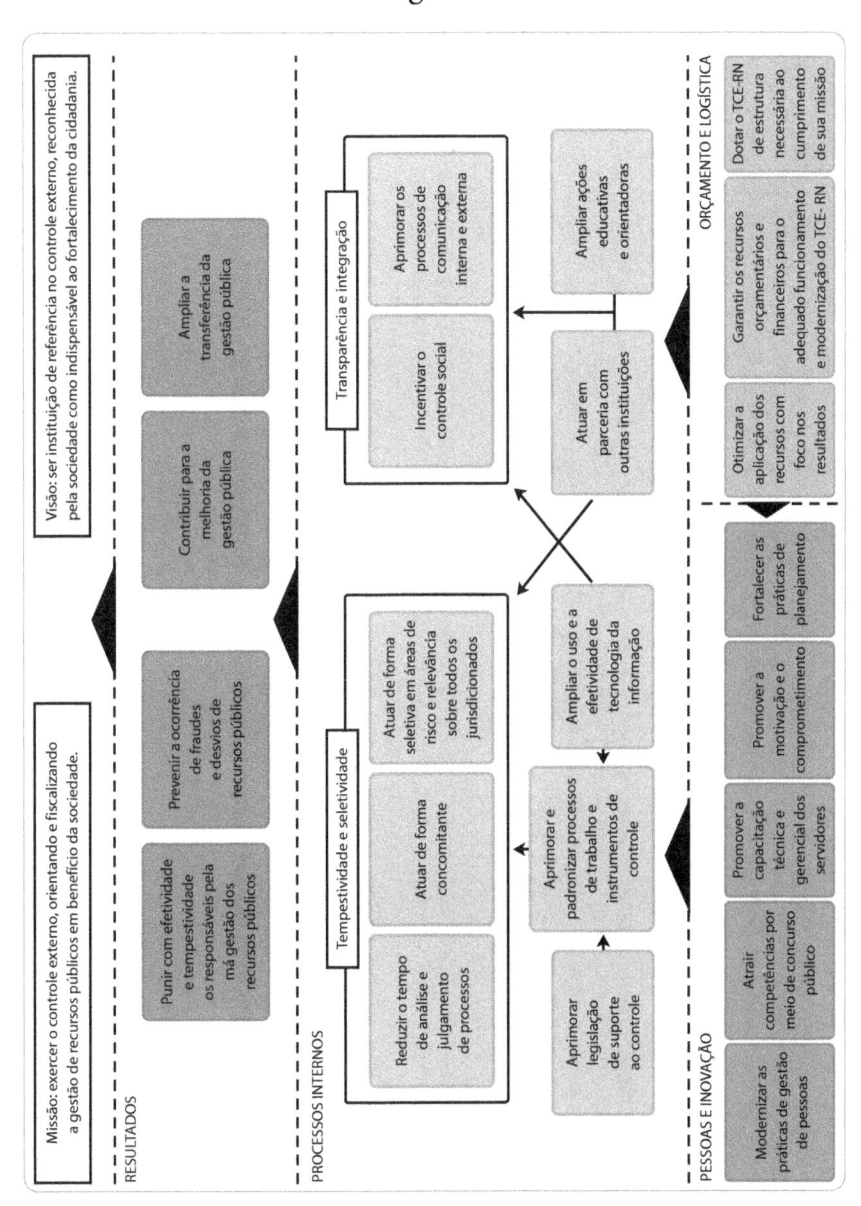

RESULTADOS

Missão: exercer o controle externo, orientando e fiscalizando a gestão de recursos públicos em benefício da sociedade.

Visão: ser instituição de referência no controle externo, reconhecida pela sociedade como indispensável ao fortalecimento da cidadania.

- Punir com efetividade e tempestividade os responsáveis pela má gestão dos recursos públicos
- Prevenir a ocorrência de fraudes e desvios de recursos públicos
- Contribuir para a melhoria da gestão pública
- Ampliar a transferência da gestão pública

PROCESSOS INTERNOS

Transparência e integração
- Aprimorar os processos de comunicação interna e externa
- Incentivar o controle social
- Ampliar ações educativas e orientadoras
- Atuar em parceria com outras instituições

Tempestividade e seletividade
- Atuar de forma seletiva em áreas de risco e relevância sobre todos os jurisdicionados
- Atuar de forma concomitante
- Reduzir o tempo de análise e julgamento de processos
- Ampliar o uso e a efetividade de tecnologia da informação
- Aprimorar e padronizar processos de trabalho e instrumentos de controle
- Aprimorar legislação de suporte ao controle

ORÇAMENTO E LOGÍSTICA
- Dotar o TCE-RN de estrutura necessária ao cumprimento de sua missão
- Garantir os recursos orçamentários e financeiros para o adequado funcionamento e modernização do TCE-RN
- Otimizar a aplicação dos recursos com foco nos resultados

PESSOAS E INOVAÇÃO
- Fortalecer as práticas de planejamento
- Promover a motivação e o comprometimento
- Promover a capacitação técnica e gerencial dos servidores
- Atrair competências por meio de concurso público
- Modernizar as práticas de gestão de pessoas

Fonte: <www.tce.rn.gov.br/2009/index.asp?link=MapaEstrategico&desc=Plano%20Estrat%E9gico>.

Figura II

Objetivo → Satisfazer os clientes

Indicador	Valor atual	Alvos				Iniciativas/ projetos estruturadores
		7	8	9	10	
$SC = \dfrac{\Sigma \text{ graus de satisfação dos clientes}}{\text{total de clientes pesquisados}} \times 100$	76	90	95	98	98	1. Definir responsável para o relacionamento com o cliente. 2. Desenvolver ações pós-venda e acompanhamento dos clientes.

Com base nas figuras I e II, podemos afirmar que elas representam, respectivamente, um mapa:

a) estratégico e um orçamento.
b) de valor e um mapa estratégico.
c) de valor e um painel estratégico.
d) estratégico e um painel estratégico.

Questão 5:

O BSC enfatiza que indicadores financeiros e não financeiros têm de fazer parte do sistema de informações para todas as pessoas. A taxa de retorno sobre o patrimônio líquido e a margem operacional podem ser consideradas indicadores.

Desse modo, podemos dizer que essa taxa e essa margem são classificadas como indicadores:

a) financeiros.
b) operacionais.
c) de desempenho.
d) de responsabilidade social.

Questão 6:

O BSC representa um sistema gerencial estratégico que estimula melhorias nos processos e resultados por meio do foco estratégico.

O BSC pode funcionar como ferramenta gerencial no âmbito de organizações públicas e instituições sem fins lucrativos.

Nesse caso, seria **incorreto** afirmar que:

a) a utilização do BSC pode proporcionar foco, motivação e responsabilidade.
b) o sucesso do BSC é medido pelo grau de eficiência e eficácia para atender a necessidades de participantes e clientes.
c) o uso do BSC seria inadequado nesses casos, uma vez que toda a sua estrutura é montada a partir de objetivos financeiros.
d) as metas da perspectiva financeira se relacionam com a limitação dos gastos e sua compatibilidade com orçamentos prévios.

Questão 7:

O BSC é um sistema de gestão baseado em indicadores que impulsionam o desempenho, proporcionando, de forma abrangente, visão atual e futura dos negócios.

Dessa forma, seria **incorreto** afirmar que um:

a) indicador de desempenho é a métrica usada para quantificar a eficiência ou eficácia da ação.
b) indicador de desempenho é um processo usado para quantificar a eficiência e eficácia da ação.
c) sistema de medição de desempenho são indicadores para quantificar eficiência e eficácia de ações.
d) processo metodológico precisa acompanhar um indicador, para que o responsável realize a medição.

Questão 8:

De acordo com Kaplan e Norton, o mapa estratégico representa o elo perdido entre a formulação e a execução da estratégia. Sua construção é orientada por algumas premissas. O modo como a organização deve ser vista pelos seus acionistas, para ser bem-sucedida financeiramente, representa uma premissa ligada a uma determinada perspectiva.

Podemos, então, dizer que essa é a perspectiva:

a) financeira.
b) dos clientes.
c) de processos internos.
d) de aprendizado e crescimento.

Questão 9:

Segundo Kaplan e Norton, o objetivo principal do mapa estratégico é estabelecer uma maneira uniforme e consistente de descrever a estratégia.

Com respeito ao mapa estratégico, podemos afirmar que:

a) proporciona visão estrutural dos objetivos alcançados e das metas de longo prazo.
b) favorece a visualização da relação de causa e efeito entre os objetivos selecionados.
c) fornece representação mental da estrutura da organização e dos processos desenvolvidos.
d) estabelece relação diretamente proporcional entre objetivos alcançados e estratégia utilizada.

Questão 10:

O mapa estratégico organiza os objetivos em relação às perspectivas. Dessa forma, podemos afirmar que:

a) o mapa estratégico deve conter entre cinco e 10 objetivos no total.
b) a perspectiva financeira concentra maior quantidade de objetivos.
c) os estudos mostram um predomínio de objetivos e medidas financeiras.
d) a perspectiva operacional apresenta quantidade maior de objetivos no mapa.

Módulo IV – Operacionalização da estratégia

Módulo IV – Operacionalização da estratégia

Neste módulo, veremos como ocorre o alinhamento estratégico das unidades de negócio, unidades de apoio e pessoas, o desdobramento da estratégia na organização, o processo de integração horizontal, o processo de integração vertical, tradução dos painéis estratégicos em planos de ação, o plano de ação propriamente dito, o desenvolvimento de um sistema de relatórios para o *balanced scorecard* e os cuidados durante a fase de implementação.

Etapas da operacionalização

Etapa crítica

A operacionalização da estratégia é uma etapa crítica de seu processo de execução. No processo de planejamento, a atenção deve ser redobrada para que os integrantes da coalizão orientadora atuem de maneira participativa na condução dos trabalhos de planejamento estratégico. Seus maiores objetivos são identificar oportunidades, ameaças e riscos, e utilizar esses elementos para arquitetar vantagens competitivas e criar valor para o cliente.

No processo de execução da estratégia, a situação não é diferente, pois também requer o trabalho conjunto de toda a organização e o esforço da coalizão orientadora para que o processo não apresente falhas. Com processo de planejamento, mapa e painéis estratégicos concluídos, a coalizão orientadora deve partir para os próximos estágios, que compreendem, respectivamente:

- o alinhamento das unidades de negócio;
- unidades de apoio e pessoas;
- o desdobramento da estratégia em planos das unidades de negócio e planos operacionais.

Embora os estágios estejam demonstrados de forma separada neste módulo, eles devem ocorrer de forma coordenada na prática. Entre outros motivos, isso ocorre devido:

- ao limite de pessoas dentro da coalizão para que as reuniões de trabalho sejam produtivas;
- à quantidade de pessoas que trabalham na organização – contudo, é preciso gerar oportunidades para que todos encontrem seu lugar na estratégia e contribuam com sua execução.

É normal que, nas organizações, nem todos tenham uma posição garantida na coalizão orientadora que irá liderar o processo de construção de estratégias e o esforço da mudança.

Alinhamento estratégico

O nível gerencial tem como papel fundamental reduzir as incertezas inerentes ao ambiente competitivo, por meio do desdobramento da estratégia para o nível de execução da organização, e o alinhamento de todas as pessoas da organização. Vejamos a figura a seguir:

Figura 26
DESDOBRAMENTO DA ESTRATÉGIA
PARA O NÍVEL DA EXECUÇÃO

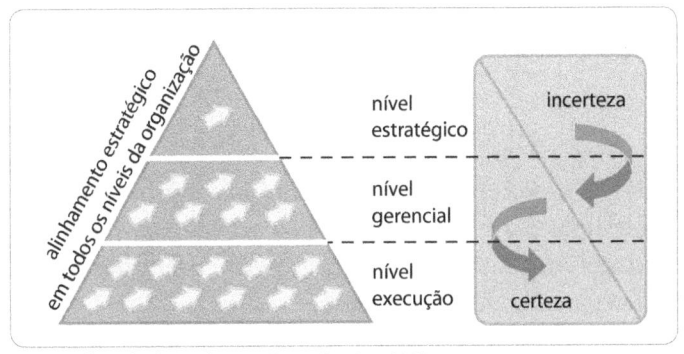

Fonte: adaptado de Anthony e Govindarajan, 2001.

Considerando o mapa estratégico, um primeiro alinhamento de pessoas pode ser iniciado no próprio nível estratégico com a definição dos *sponsors* dos objetivos, dos projetos estruturadores e iniciativas que irão permitir a consecução desses objetivos e das iniciativas que constituem os projetos estruturadores.

Devemos atentar também para os três subprocessos de alinhamento na organização:

- o alinhamento das unidades de negócio;
- o alinhamento das unidades de apoio;
- o alinhamento das demais pessoas que trabalham na organização.

Vejamos a figura a seguir:

Figura 27
ALINHAMENTO NA ORGANIZAÇÃO

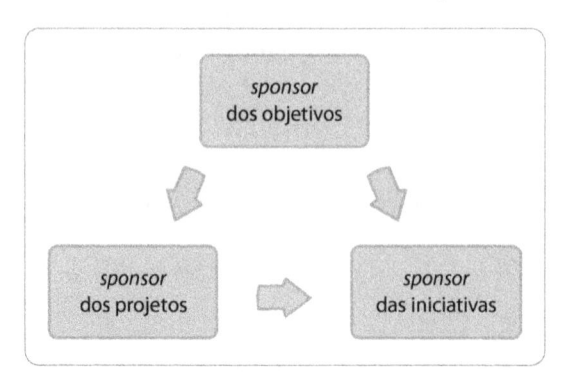

```
        sponsor
      dos objetivos
       ↙        ↘
  sponsor  →  sponsor
 dos projetos   das iniciativas
```

Na prática, o processo de alinhamento não é uma tarefa fácil, pois apresenta algumas barreiras que precisam ser transpostas. O quadro a seguir contempla as principais barreiras ao processo de alinhamento e as principais ferramentas de alinhamento.

Quadro 12
BARREIRAS E FERRAMENTAS DE ALINHAMENTO

Processo de alinhamento	Principais barreiras ao alinhamento	Estratégia de alinhamento
Alinhar as unidades de negócio	■ desenvolvimento de estratégias isoladas sem uma integração colaborativa; ■ falta de integração da estratégia da unidade de negócio com a estratégia corporativa; ■ falta de integração entre as unidades de negócio.	■ desdobramento do mapa estratégico para as unidades de negócio visando promover o alinhamento vertical e horizontal.

continua

Processo de alinhamento	Principais barreiras ao alinhamento	Estratégia de alinhamento
Alinhar as unidades de apoio	■ entendimento de que as unidades de apoio são centro de despesas cujo objetivo é minimizar os custos em vez de apoiar as estratégias corporativas e das unidades de negócio.	■ desdobramento do mapa estratégico para as unidades de apoio; ■ acordo de níveis de serviço.
Alinhar as pessoas	■ não compreensão ou desconhecimento da estratégia por parte dos empregados; ■ sistemas de incentivo ligados apenas ao desempenho tático; ■ adoção apenas de objetivos táticos.	■ programa formal de comunicação da estratégia; ■ alinhamento dos objetivos dos empregados com os objetivos estratégicos; ■ programas de incentivo e recompensa; ■ programas de desenvolvimento de competências.

Comunicação da estratégia

Como estratégia de alinhamento, a comunicação da estratégia deve ser amplamente utilizada. Conforme propõem Kaplan e Norton,[53] diversos veículos são possíveis dentro de uma empresa:

- reuniões com pequenos grupos;
- reuniões durante eventos sociais da empresa;
- jornais, boletins e informativos internos;
- *intranet*;
- apresentação em *PowerPoint*;

---

[53] KAPLAN, R. S.; NORTON, D. P. *A execução premium*: a obtenção de vantagem competitiva através do vínculo da estratégia com as operações do negócio. Rio de Janeiro: Elsevier, 2008.

- cartazes e quadros de aviso;
- gravações em vídeo.

É necessário realizar um plano de comunicação identificando o público-alvo, o veículo de comunicação, a forma e o conteúdo.

Uma estratégia que pode ser empregada para ajudar no alinhamento é a adoção de programas de incentivo e recompensa relacionados com o desempenho superior alcançado por meio da execução da estratégia. Esse programa poderá evoluir para um sistema de remuneração variável pelo alcance das metas, à medida que a organização adquira experiência na execução da estratégia com o *balanced scorecard*.

Considerando o painel de indicadores (*dashboard*), observemos um exemplo de cálculo da remuneração variável baseado no *balanced scorecard*.

Tabela 4
CÁLCULO DE REMUNERAÇÃO VARIÁVEL

Objetivo	Peso	Posição			Scorecard geral
		Atual	Alvo	Relativa	
A	B	C	D	E = C / D	F = B × E
01	25%	65	100	65%	16%
02	20%	45	100	45%	9%
03	15%	50	100	50%	8%
04	15%	50	70	71%	11%
05	10%	25	75	33%	3%
06	5%	75	95	79%	4%
07	7%	75	90	83%	6%
08	3%	50	100	50%	2%
Total:	100%			Total:	58%

Desdobramento da estratégia

Processo de desdobramento

O *balanced scorecard* de uma unidade de negócio pode ser desenvolvido mesmo sem existir um *balanced scorecard* no nível estratégico da organização. O pré-requisito mínimo é a existência de uma estratégia corporativa clara que permita que a unidade de negócio compreenda sua contribuição para o alcance dos objetivos organizacionais. O processo de desdobramento da estratégia visa criar uma sinergia das unidades de negócio, unidades de apoio e pessoas em torno da estratégia.

O processo de integração horizontal ocorre quando as unidades de apoio e unidades de negócio operam em sinergia para contribuir com a estratégia da organização como um todo. Uma secretaria acadêmica, por exemplo, precisa estar alinhada horizontalmente com os departamentos de ensino, se a instituição objetivar reduzir o tempo de emissão dos certificados, permitindo uma rápida integração dos egressos com o mercado de trabalho.

Vejamos a figura a seguir:

Figura 28
PROCESSO DE INTEGRAÇÃO HORIZONTAL

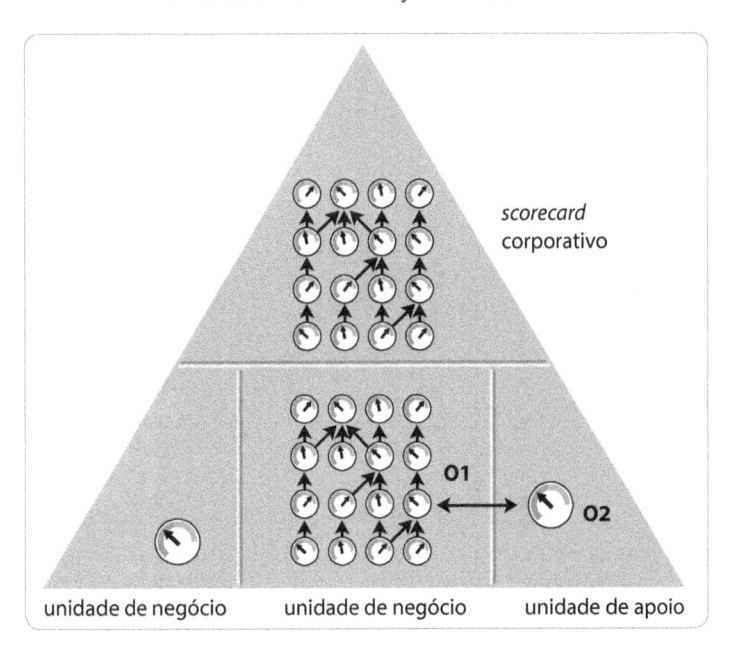

Nesse caso, o processo de integração está simbolicamente representado na integração dos objetivos O1 e O2. Dessa forma, tanto a secretaria quanto os departamentos de ensino precisariam adotar a redução do tempo da emissão de certificados como objetivo comum, caso contrário o processo pode emperrar em uma das unidades.

O processo de integração vertical ocorre quando a consecução dos objetivos das unidades de negócio e das unidades de apoio contribuem para a consecução dos objetivos da organização. Se, por exemplo, a formação de competências dos colaboradores é um objetivo estratégico da organização para aprimorar a qualidade de seus processos, as unidades de negócio devem estar alinhadas verticalmente com a estratégia corporativa, promovendo a capacitação de seus colaboradores. Vejamos a figura a seguir:

Figura 29
PROCESSO DE INTEGRAÇÃO VERTICAL

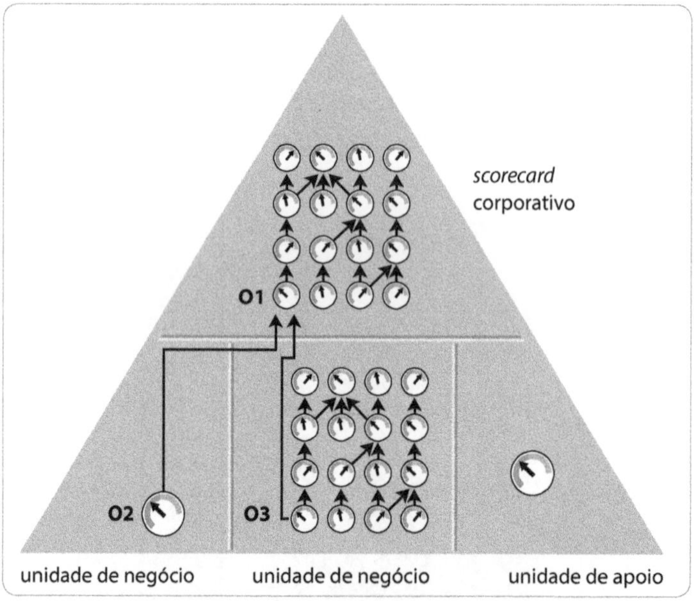

A organização pode adotar objetivos comuns relacionados à formação de competência de seu pessoal. Dessa forma, cada unidade de negócio atingirá seu respectivo objetivo e contribuirá com o objetivo da organização.

Nesse caso, os objetivos O2 e O3 contribuem para a consecução do objetivo O1, que representa um objetivo da organização como um todo.

Indicador composto

No processo de integração vertical, se os objetivos de diferentes unidades de negócio forem definidos de tal forma que seus respectivos indicadores sejam iguais em termos de equação, a organização pode, por exemplo, adotar um indicador composto.

Esse indicador é calculado pela seguinte fórmula:

$$RIG = \alpha RI_{UNx} + \beta RI_{UNy}$$

Onde:

- RIG – resultado do indicador global – apurado no nível estratégico da organização;
- RI_{UNx} – resultado do indicador da unidade de negócio X;
- RI_{UNy} – resultado do indicador da unidade de negócio Y;
- α e β – graus de importância, expressos como pesos, onde: $\alpha + \beta = 1$.

Observemos, a seguir, um exemplo de cálculo de indicador composto. Suponha que os indicadores adotados nas unidades X e Y operam entre 0 e 100 – limites inferior e superior do indicador.

Tabela 5
Cálculo de indicador composto

RIG	Unidade de negócio X			Unidade de negócio Y		
	α	alvo[X]	v.atual[X]	pos.rel[X]	β	alvo[Y]	v.atual[Y]	pos.rel[Y]
A = B × E + F × I	B	C	D	E = D/C	F	G	H	I = H/G
78%	60%	95%	70%	74%	40%	80%	67%	84%

Onde:

- RIG – resultado do indicador global – apurado no nível estratégico da organização;
- α – grau de importância (peso) para o resultado da unidade X;
- alvo[X] – valor desejado para o indicador da unidade de negócio X;
- v.atual[X] – valor atual do indicador da unidade de negócio X;
- pos.rel[X] – posição relativa do valor atual do indicador da unidade de negócio X em relação a seu alvo;
- β – grau de importância (peso) para o resultado da unidade Y;
- alvo[Y] – valor desejado para o indicador da unidade de negócio Y;
- v.atual[Y] – valor atual do indicador da unidade de negócio Y;
- pos.rel[Y] – posição relativa do valor atual do indicador da unidade de negócio Y em relação a seu alvo;
- RIG – α × (v.atual[X] / alvo[X]) + β × (v.atual[Y] / alvo[Y]);
- RIG – 0,6 × (70 / 95) + 0,4 × (67 / 80) = 0,78 = 78%.

Plano de ação

Jornada de implementação

O processo de elaboração envolve aspectos técnicos, administrativos e pedagógicos, estabelecendo um balanceamento entre a responsabilidade individual e o compromisso coletivo. Segundo Barçante,[54] o plano de ação propõe um caminho por onde a instituição deve iniciar sua jornada de implementação. O plano de ação é uma ferramenta significativa no processo de desdobramento, organização e execução da estratégia.

As iniciativas ou os projetos estruturadores apresentados nos painéis estratégicos podem ser gerenciados por meio de planos de ação ou pelas técnicas de gestão de projetos. Observemos um modelo simplificado na figura 30.

---

[54] BARÇANTE, L. C.; CASTRO, G. C. *Ouvindo a voz do cliente interno*. Rio de Janeiro: Qualitymark, 1995.

Figura 30
PLANO DE AÇÃO – MODELO SIMPLIFICADO

Objetivo → Satisfazer os clientes

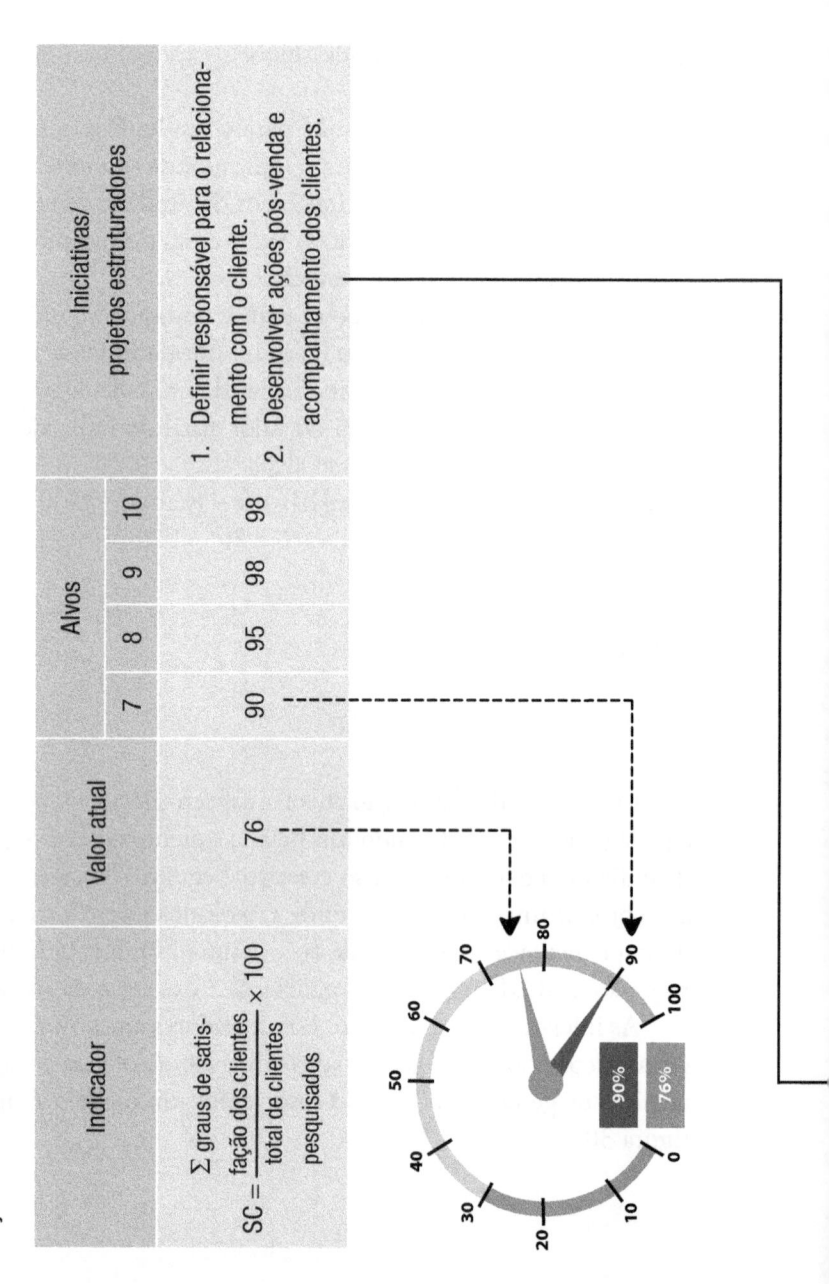

Indicador	Valor atual	Alvos				Iniciativas/ projetos estruturadores
		7	8	9	10	
$SC = \dfrac{\Sigma \text{ graus de satisfação dos clientes}}{\text{total de clientes pesquisados}} \times 100$	76	90	95	98	98	1. Definir responsável para o relacionamento com o cliente. 2. Desenvolver ações pós-venda e acompanhamento dos clientes.

Balanced scorecard

Id	ⓘ	Nome da tarefa	Duração	Início	Fim	Responsável	Recursos	Tri 2 2007 maio	jun	jul	Tri 3 2007 ago	set	out	Tri 4 2007 nov	dez
1		**Objetivo 1**	**135 dias**	**30/5**	**4/12**	**Diretor MKT**									24%
2		Atividade a	60 dias	30/5	21/8	Gerente #1	x			55%					
3		Atividade b	30 dias	22/8	2/10	Gerente #1	y						0%		
4		Atividade c	45 dias	3/10	4/12	Gerente #2	z								0%
5		**Objetivo 2**	**90 dias**	**30/5**	**2/10**	**Diretor RH**							59%		
6	✓	Atividade d	30 dias	30/5	10/7	Gerente #3	a			100%					
7		Atividade e	60 dias	11/7	2/10	Diretor RH	b					38%			

Plano de ação – formulação e formulário

O plano de ação utilizado para o *balanced scorecard* é formado por iniciativas ou projetos estruturadores. Cada iniciativa sinaliza:

- como o objetivo deve ser atingido;
- qual o prazo de início e término;
- quem é o responsável por sua execução;
- quais os recursos necessários para implantação.

Vejamos, a seguir, um formulário de plano de ação:

Quadro 13
FORMULÁRIO DE PLANO DE AÇÃO

Iniciativa	Responsável	Prazo		Como	Recursos ($)	Status
		Início	Fim			

Em sua elaboração, são utilizados formulários nos quais objetivos, estratégias, prazos, responsáveis e recursos são organizados de forma clara para orientar as diversas ações que deverão ser implementadas.

O plano de ação serve como referência às decisões, permitindo que seja feito o acompanhamento do desenvolvimento da gestão estratégica competitiva. O processo de formulação do plano de ação visa:

- conscientizar, envolver e treinar as pessoas ligadas ao problema ou tarefa;
- estabelecer com clareza os novos padrões por meio de documentação que se torne base de avaliação confiável;
- definir com clareza a autoridade e a responsabilidade dos envolvidos no processo;
- identificar a adequação dos equipamentos, dos materiais, do ambiente de trabalho;
- monitorar os resultados.

O plano de ação descreve como colocar em prática o *balanced scorecard*. Para tanto, ele deve indicar mudanças propostas na gerência ou na própria organização, bem como novos desafios e procedimentos que o estrategista pretende adotar.

Para uma rápida identificação dos elementos necessários a sua implementação, o plano de ação pode estruturar-se por meio da ferramenta 5W2H, que significa:

- *What* – O que será feito? – são determinadas as iniciativas e os projetos estruturadores;
- *Who* – Quem fará o quê? – é definido quem será o responsável por planejamento, avaliação e realização das iniciativas e os projetos estruturadores;
- *When* – Quando será feito o quê? – são estabelecidos os prazos para planejamento, avaliação e realização das iniciativas e os projetos estruturadores;
- *Where* – Onde será feito o quê? – é determinado o local ou espaço físico para as diversas iniciativas e os projetos estruturadores propostos;
- *Why* – Por que será feito o quê? – são formulados os indicativos da necessidade, da importância e da justificativa de se executar as iniciativas e os projetos estruturadores;
- *How* – Como será feito o quê? – são planejados os meios para a execução, avaliação e realização das iniciativas e os projetos estruturadores;
- *How much* – Quanto custará o quê? – são levantados os esforços e os custos para a realização das iniciativas e os projetos estruturadores.

Autoavaliações

Questão 1:

Com processo de planejamento, mapa e painéis estratégicos concluídos, a coalizão orientadora deve seguir para os próximos estágios.
Portanto, podemos dizer que o próximo passo compreende:

a) o alinhamento das unidades de negócio.
b) o desdobramento da estratégia em planos.
c) as pessoas e as unidades de apoio e negócio.
d) os planos operacionais em unidades de apoio.

Questão 2:

Na prática, o processo de alinhamento apresenta algumas barreiras que precisam ser transpostas. Portanto, esse processo não é uma tarefa fácil.
Entre as barreiras que precisam ser transpostas em relação às pessoas, podemos apontar:

a) a falta de popularidade do chefe da unidade de negócio.
b) o desdobramento do mapa estratégico para unidades de apoio.
c) a desintegração da estratégia da corporação com a unidade de negócio.
d) o desconhecimento da estratégia ou a incompreensão dos colaboradores.

Questão 3:

Uma ferramenta importante no processo de desdobramento, organização e execução da estratégia é o plano de ação.
Dessa forma, seria **incorreto** afirmar que o plano de ação:

a) descreve como pôr em prática o *balanced scorecard*.
b) pretende expor, visualmente, as relações de causa e efeito.
c) gerencia projetos estruturadores apresentados em painéis estratégicos.
d) propõe por onde a instituição deve iniciar sua jornada de implementação.

Questão 4:

Em um determinado processo de integração, a organização pode adotar um indicador composto. Desse modo, esse indicador pode ser utilizado no processo de integração:

a) vertical, desenvolvido a partir de indicadores iguais de unidades diferentes.
b) horizontal, desenvolvido a partir de indicadores iguais de unidades diferentes.
c) vertical, desenvolvido a partir de indicadores diferentes de unidades diferentes.
d) horizontal, desenvolvido a partir de indicadores diferentes de unidades diferentes.

Questão 5:

Podemos desenvolver o *balanced scorecard* de uma unidade de negócio mesmo que não haja um *balanced scorecard* no nível estratégico da organização.
Para que isso ocorra, como pré-requisito mínimo, devemos adotar:

a) os indicadores de desempenho.
b) os mapas estratégicos da unidade.
c) a existência de uma estratégia de negócio.
d) a existência de uma estratégia corporativa clara.

Questão 6:

O processo de integração pode ocorrer de forma horizontal ou vertical. No processo de integração horizontal, podemos dizer que:

a) o diálogo entre unidades de apoio e unidades de negócio favorece a capacitação de seus colaboradores.
b) as unidades de apoio e de negócio operam em sinergia para favorecer a estratégia da organização como um todo.
c) as unidades de negócio oferecem propostas de valor capazes de atrair e reter clientes em segmentos-alvo de mercado.
d) a consecução de objetivos em unidades de negócio e de apoio favorece a consecução dos objetivos da organização.

Questão 7:

Observamos três subprocessos no alinhamento da organização. Esses subprocessos consistem em alinhar:

a) unidades de negócio, unidades de apoio e pessoas.
b) estratégia de negócio, objetivos estratégicos e iniciativas.
c) estratégia de negócio, unidades de apoio e objetivos da organização.
d) objetivos da organização, indicadores de desempenho e investimentos.

Questão 8:

Conforme propõem Kaplan e Norton, diversos veículos são possíveis dentro de uma empresa para estabelecer uma comunicação estratégica, como reuniões com pequenos grupos, reuniões durante eventos sociais da empresa, jornais, boletins, *intranet*, etc.

Dessa forma, podemos dizer que a comunicação dever ser amplamente utilizada como:

a) estratégia de negócio.
b) indicador de desempenho.
c) estratégia de alinhamento.
d) indicador do ambiente corporativo.

Questão 9:

Iniciativas ou projetos estruturadores formam o plano de ação utilizado para o *balanced scorecard*.

O processo de elaboração do plano de ação envolve os seguintes aspectos:

a) estratégicos, técnicos e gerenciais.
b) gerenciais, financeiros e estratégicos.
c) técnicos, administrativos e pedagógicos.
d) financeiros, administrativos e educacionais.

Questão 10:

O plano de ação deve indicar mudanças propostas na gerência ou na própria organização. Além disso, o plano de ação propõe novos desafios e procedimentos que o estrategista pretende adotar.

A fim de identificar rapidamente os elementos necessários a sua implantação, o plano de ação pode se estruturar por meio:

a) da matriz SWOT.
b) de ferramentas de BI.
c) da ferramenta 5W2H.
d) de técnicas de gerenciamento.

Vocabulário

Vocabulário

A

Acrônimo – palavra formada pela primeira letra (ou mais de uma) de cada uma das partes sucessivas de uma locução ou pela maioria dessas partes. Exemplo: sonar [*so*(und) *na*(vigation) *r*(anging)].

Administração estratégica – processo que envolve as atividades de planejar, organizar, dirigir, coordenar e controlar as estratégias, visando atingir os objetivos organizacionais. Difere do planejamento estratégico por ser mais sistêmico.

Agregação de valor – alteração em produtos e na prestação de serviços, de modo a criar qualidade e utilidade para o cliente. A diferenciação de um produto ou serviço pode ser vista como uma forma desse acréscimo de valor. Em inglês, é conhecido pelo termo *value added*, isto é, valor adicionado.

Alan Brache – consultor de negócios, sócio da Kepner-Tregoe, empresa de consultoria internacional, especializada em formulação e implementação estratégia, resolução de problemas e tomada de decisões, além de gestão de pessoas. Assumiu vários cargos na empresa, como gerente de produção, diretor técnico de estratégia de grupo e vice-presidente de desenvolvimento de produção. Saiu da Kepner-Tregoe em 1986 e voltou em 1997. Durante esses 11 anos, foi cofundador e sócio do Rummler-Brache Group, companhia especializada em estratégia empresarial e gerenciamento de processos. É autor e coautor de diversos livros, destacando-se *Improving performance: how to manage the white space on the organization chart*, de 1990.

Alta administração – grupo formado pelos dirigentes máximos de uma organização, definido de forma normativa ou a partir de uma decisão consensual. Geralmente, é composto pela presidência (CEO), pelo conselho administrativo e pela diretoria executiva.

Entre suas responsabilidades, pode-se citar o compromisso com a identificação de novas oportunidades, a análise crítica do desempenho, a apresentação clara dos objetivos e o foco nas necessidades da empresa.

Alta direção – grupo composto pela diretoria da empresa, que, normalmente, apresenta um presidente, um vice-presidente, um tesoureiro e um secretário.

Ambiente externo – governo, comunidade, meio ambiente, etc.

Ambiente interno – conjunto das condições intrínsecas à empresa. Pode ser controlado pelos dirigentes da organização, já que ele é o resultado de estratégias de atuação definidas pela empresa.

Análise SWOT – estudo feito nas empresas para identificar fatores internos e externos que atuam sobre elas, apontando as oportunidades que poderão ser desenvolvidas em potencial. A sigla SWOT vem das palavras em inglês *strenght, weakness, opportunities, threats*, ou seja, forças, fraquezas, oportunidades, ameaças. Com a análise SWOT, podem-se identificar esses fatores. Esse processo é feito através da matriz SWOT.

Ansoff – cf. Igor Ansoff.

Aprendizado organizacional – conceito que remete à ideia da aquisição de novos conhecimentos e do desenvolvimento de competências, a partir de experiências vividas por uma organização. É indispensável para a tomada de decisões bem-sucedidas, permitindo, ademais, a adaptação a mudanças de forma cada vez mais rápida. O aprendizado organizacional possibilita que uma empresa – seus gerentes, etc. – possa fazer escolhas de forma não programada, sabendo lidar com cada situação e suas especificidades.

Áreas tradicionais de investimento – âmbitos caracterizados pelo recebimento de investimentos recorrentes e intensos. Os investimentos em novos equipamentos e em pesquisa e desenvolvimento de novos produtos são bons exemplos de tais áreas.

Arthur Schneiderman – doutor em direito pela Universidade de Wisconsin. Graduado pela Faculdade de Beloit, Milwaukee. Sócio da empresa Wilson Sonsini Goodrich & Rosati desde 1979. Tem participado de representação e de financiamento à criação de empresas no Vale do Silício há mais de 30 anos. Tem uma vasta experiência na representação de todo o espectro de empresas de crescimento emergente, em *startups* com grandes e crescentes empresas públicas. Sua experiência inclui:

- financiamento de capital de risco – em que representa tanto as empresas quanto os investidores;
- fusões e aquisições – em que representa os compradores e vendedores;
- ofertas públicas – representando os emitentes e subscritores;
- relações com parceiros estratégicos, ofertas públicas, empresa pública de relatórios SEC, contratos e licenciamento, remuneração dos executivos e assuntos similares.

Aspectos externos – fatores que estão fora do controle da organização, podendo constituir ameaças e oportunidades. Nessa perspectiva, devem ser analisadas as oportunidades e as ameaças que as forças do ambiente representam para a organização e verificadas as formas de aproveitar tais oportunidades e minimizar tais ameaças.

Aspectos internos – fatores relacionados aos pontos fortes e fracos de uma empresa em seu ramo de atividade. São identificados ao comparar os fatores críticos de sucesso da própria empresa com os dos concorrentes e verificar aqueles que são superiores, inferiores ou semelhantes. Para os pontos fortes, é indicada a estratégia que possa tirar vantagem dessa condição e, para os pontos fracos, a estratégia deverá ser de reduzi-los.

Ativo – nome genérico dado a máquinas, empresas, ações de uma firma, enfim, a qualquer bem que faça parte da carteira de investimentos. Conjunto de investimentos ou recursos alocados às atividades de uma empresa, englobando seus bens e direitos, como dinheiro disponível, contas a receber, estoques de mercadorias, funcionários, equipamentos produtivos, terrenos, edifícios, entre outros. É comum, no mercado, referir-se ao ativo da empresa, sendo este composto por um grande conjunto de outros ativos menores.

B

Barçante – cf. Luiz César Barçante.

Best practices – técnicas e estratégias comprovadamente eficientes que uma empresa pode adotar. Antes de adotar uma *best practice*, a empresa deve avaliar sua aplicabilidade. Pode-se traduzir por melhores práticas.

C

Capital investido – soma do patrimônio líquido e da dívida de longo prazo de uma empresa. Tal valor é compreendido como o montante monetário necessário ao investimento, que garante as condições adequadas de funcionamento das atividades operacionais a que se destina.

Ciclo de vida da organização – processo evolutivo pelo qual uma empresa passa, que compreende suas etapas de desenvolvimento. Denomina-se ciclo de vida por uma analogia à evolução dos seres vivos. As fases mudam de acordo com as alterações das características da empresa, sempre havendo a presença de uma dificuldade ou uma crise de passagem que advém da novidade das situações. Pode-se dizer que as fases do ciclo de vida de uma organização são o nascimento, o desenvolvimento, a estabilização e a decadência – variando as denominações e as divisões, de acordo com o ponto de vista do teórico que as apresenta.

Clima organizacional – ambiente humano dentro do qual os integrantes de uma organização desenvolvem seu trabalho. Constitui o meio interno de uma organização, sua atmosfera psicológica e característica. Refere-se especificamente às propriedades motivacionais do ambiente interno de uma organização.

Coimbatore Krishnarao Prahalad – indiano naturalizado americano, conhecido como C. K. Prahalad. Doutor em administração por Harvard e professor titular de estratégia corporativa do programa de MBA da Universidade de Michigan, é o atual conselheiro do governo indiano para empreendedorismo e também autor de livros muito procurados, como *The multinational mission: balancing local demands and global vision* e do *best seller Competindo pelo futuro*, escrito com Gary Hamel e publicado em 20 idiomas. É considerado o mais influente pensador do mundo dos negócios. *O futuro da competição* e *A riqueza na base da pirâmide* também se tornaram, rapidamente, grandes sucessos de vendas. Muitos de seus artigos foram publicados nos mais importantes jornais e revistas do mundo, e receberam diversos prêmios, como o McKinsey Prize – melhor artigo do ano, entre os publicados na *Harvard Business Review* – por dois anos consecutivos, o prêmio de melhor artigo da década, entre os publicados no *Strategic Management Journal* e no *European Foundation for Management Award*.

Collins – cf. Jim Collins.

Crescimento da organização – fase inicial do ciclo de vida de uma empresa, caracterizada pelo alto potencial de crescimento dos produtos e serviços oferecidos pela mesma. É um momento de frequentes investimentos – em infraestrutura e na ampliação de instalações de produção – para o aperfeiçoamento de antigos produtos e o desenvolvimento de novos, gerando resultados futuros.

Criação de valor – concentração de esforços necessários para incrementar o produto oferecido, visando aumentar seu valor de mercado.

Custo – valor monetário ou preço de uma atividade. Pode ser também um componente do projeto que inclui esse valor dos recursos necessários para realizar e terminar a atividade, ou ainda o componente ou o que produz o componente. Um custo específico pode ser composto de uma combinação de componentes de custo, inclusive horas de mão de obra direta (ou outros custos diretos), horas de mão de obra indireta (ou outros custos indiretos) e preço de aquisição. No entanto, na metodologia de gerenciamento de valor agregado, em alguns casos, o termo custo pode representar apenas as horas de mão de obra sem conversão para valor monetário.

D

Dado – segundo o dicionário Aurélio significa elemento de informação, ou representação de fatos ou de instruções, em forma apropriada para armazenamento, processamento ou transmissão por meios automáticos. Dados podem existir em uma variedade de formas (tal como números ou textos impressos em um papel), bem como em bits ou bytes armazenados em memória eletrônica, ou ainda como fatos armazenados na mente de uma pessoa. Dados são *inputs* (entradas) operacionais a serem trabalhados. São elementos identificados em sua forma bruta que, por si só, não conduzem a uma compreensão de um fato ou de uma situação.

Dashboard – conjunto de indicadores e suporte analítico para suporte à decisão – gerenciamento de determinada operação, função ou processo.

David P. Norton – doutor em administração de empresas, pela Universidade Harvard, autor do conceito de *balanced scorecard* – em parceria com Robert Kaplan –, cofundador e presidente da Balanced Scorecard Collaborative e da Renaissance Solutions, Inc. Coautor de diversos livros como *Balanced scorecard: traduzindo estratégia em ação*, *Organização orientada para a estratégia* e *Mapas estratégicos*.

Desempenho financeiro – maneira pela qual a atividade financeira de uma empresa se desenvolveu, dentro de determinado período. Abarca a análise de elementos como lucro líquido, reestruturação de dívidas e patrimônio líquido. A análise do desempenho financeiro permite a elaboração de certas medidas, que são fatores indispensáveis para a verificação da contribuição da estratégia na melhoria dos resultados financeiros.

Dimensões temporais – variáveis relacionadas à perenidade das metas e dos objetivos projetados no planejamento estratégico. Envolvem curto, médio e longo prazos.

Disney – empresa de mídia e entretenimento, formalmente conhecida por The Walt Disney Company. Fundada em 16 de outubro de 1923, por Walter Elias Disney e seu irmão Roy Oliver Disney como um estúdio de animação, é hoje a maior empresa do mundo nesse ramo. Em duas décadas, a pequena companhia de filmes transformou-se em um conglomerado de mídia e em um império do setor de entretenimento, pois, além de ter atuado no cinema, atuou em TV, rádio, produção editorial e fonográfica, parques de diversões, hotelaria, turismo, navegação. O carro-chefe de seu sucesso financeiro foram os filmes longa-metragem de animação.

Downing – cf. Laura Downing.

Drivers – termo relacionado a indicadores não financeiros, que permitem inferir resultados futuros e auxiliam os executivos a corrigir os rumos da empresa.

E

Eficácia – conceito relacionado à ideia de fazer as coisas de forma correta, atingindo resultados. Diz respeito aos objetivos propostos, ou seja, à relação entre os resultados propostos e os atingidos. Muito ligada à ideia de *eficiência*, que diz respeito a fazer as coisas da melhor maneira possível, fazer benfeito. Nesse sentido, eficiência é cavar um poço artesiano com perfeição técnica; já eficácia é encontrar a água.

Eficiência – relação entre objetivos pretendidos e resultados efetivamente alcançados. Quanto mais próximos forem os resultados dos objetivos pretendidos, mais eficiente é o sistema.

Estratégia – caminho mais adequado a ser percorrido, visando ao alcance de um objetivo. Sabe-se que, em um mundo cuja concorrência é intensa, é preciso ir além da simples preocupação com operações. Muitas empresas chegaram à conclusão de que a eficiência operacional é um beco sem saída; importante, necessária, mas não suficiente. Depois de 10 ou 15 anos concentrando-se em questões operacionais, as empresas começam a reconhecer que aquilo que as diferenciam e permite que tenham sucesso é, afinal, uma estratégia sólida e exclusiva.

Ética – princípios que todas as pessoas escolheriam para reger o comportamento social. Relaciona-se à obrigação moral, à responsabilidade ou à justiça social. Para a filosofia, é o estudo da natureza e dos fundamentos do pensamento e das ações morais. A questão considerada fundamental na ética filosófica é a justificação da moralidade, isto é, se é possível ou não demonstrar que uma ação moral é racional.

F

Fatores críticos – fatores essenciais, fatores que não podem deixar de acontecer para que se consiga chegar ao objetivo.

Fatores críticos de sucesso (FCS) – lista de itens que devem ser observados durante o planejamento e execução de um projeto, para que o sucesso possa ser alcançado.

Feedback – processo de fornecer dados a uma pessoa ou grupo, ajudando-o a melhorar seu desempenho no sentido de atingir seus objetivos, auxiliando a entender como sua atuação está afetando outras pessoas ou grupos.

Ferramenta 5W2H – ferramenta para organização de plano de ação, planejamento ou mesmo para apresentação. A denominação 5W2H existe devido às sete palavras em inglês que compõem a ferramenta. O 5W2H, basicamente, é um *checklist* de determinadas atividades que precisam ser desenvolvidas com o máximo de clareza possível por parte dos colaboradores da empresa. Funciona como um mapeamento dessas atividades. Em um segundo momento, deverá figurar em uma tabela, por ser a maneira mais eficaz de representar como será feita a atividade e quanto custará aos cofres da empresa tal processo.

Fluxo de caixa – pagamento ou recebimento efetivo de dinheiro – caixa, *cash* em inglês. Fluxo de dinheiro, movimentação financeira como um todo. Em um demonstrativo de resultados, o fluxo de caixa líquido de uma empresa é o resultado obtido após todos os pagamentos de custos operacionais fixos e variáveis, taxas e impostos.

Foco estratégico – âmbito de atuação da organização selecionado no contexto da visão, da missão e dos objetivos estabelecidos, nos quais a empresa atua no momento ou pretende atuar no futuro.

Fornecedor – parte responsável pelo fornecimento de informação ou recurso para a realização de uma tarefa ou produção. Em processamento de dados, aquele que obtém o recurso – tecnologia, equipamentos, programas de *softwares* e serviços – para o tratamento e produção da informação.

Fundação Nacional da Qualidade (FNQ) – entidade sem fins lucrativos, criada por 39 organizações brasileiras de setores públicos e privados no ano de 1991. Antiga Fundação para o Prêmio Nacional da Qualidade (FNPQ) que, em 2005, lançou um projeto, a fim de se tornar, até 2010, um dos principais centros mundiais de estudo, debate e irradiação de conhecimento sobre excelência em gestão. Atualmente, além de promover o Prêmio Nacional da Qualidade (PNQ), possui como missão disseminar os fundamentos da excelência em gestão para o aumento de competitividade das organizações e do Brasil. Busca conscientizar os empresários e profissionais brasileiros sobre a importância de uma gestão eficaz.

G

Gary Hamel – professor de administração estratégica internacional na London Business School. Possui experiência como consultor, tendo prestado consultoria a empresas no mundo inteiro, como Rockweel, Motorola, Alcoa, Nokia, EDS, Ford e Dow Chemical.

Geary Rummler – consultor, pioneiro na aplicação de tecnologias de desempenho nas organizações. É fundador e *chairman* do Performance Design Lab, uma organização de pesquisa, treinamento e consulta, especializada no desenvolvimento de sistemas de performance organizacional. Antes de fundar o Performance Design Lab, foi fundador do

Rummler Brache Group, empresa que atua internacionalmente nas áreas de estratégia empresarial e gerenciamento de processos. PhD pela Universidade de Michigan. Viajou para diversos países para divulgar seus trabalhos em pesquisa e consultoria. É autor e coautor de diversos livros, incluindo *Improving performance: how to manage the white space on the organization chart*, de 1990, considerado um manual de referência para o design organizacional.

Gestão estratégica – processo de organização das contribuições que as diversas áreas têm a dar à organização, servindo de orientadora à integração dos esforços desenvolvidos pelos vários especialistas da organização. Refere-se a técnicas de gestão, avaliação e ferramentas respectivas para ajudar as empresas na tomada de decisões estratégicas de alto nível. A gestão estratégica possibilita desbloquear o individualismo, desassociado dos objetivos gerais da empresa.

Govindarajan – cf. Vijay Govindarajan.

Grupo Gerdau – empresa brasileira de importante posição entre os maiores produtores de aço do mundo e líder no segmento de aços longos na América. Começou sua atuação em 1901, com a fábrica de pregos Pontas de Paris, no Rio Grande do Sul. Possui 272 unidades industriais e comerciais, estando presente em países como Argentina, Chile, Colômbia, Peru, Uruguai, México, República Dominicana, Venezuela, Estados Unidos, Canadá, Espanha e Índia.

H

Hackett Group – empresa mundialmente reconhecida, especializada em *benchmarking* e boas práticas em empresas. Oferece consultoria estratégica e realiza pesquisas de desempenho.

Hamel – cf. Gary Hamel.

I

Igor Ansoff – foi um professor e consultor norte-americano nascido na Rússia. Formou-se na Brown University em engenharia e matemática, e trabalhou na Rand Corporation e depois na Lockheed. É conhecido como o pai da gestão estratégica.

Ansoff contribuiu com o planejamento por meio da obra clássica *Estratégia corporativa*, publicada em 1965. Criou o modelo de Ansoff de planejamento estratégico, baseado na expansão e diversificação empresariais através de uma sequência de decisões.

Impulsionador – fator que serve como estímulo ou incentivo à busca de determinado resultado, isto é, um elemento que conduz ao alcance de um objetivo. No caso de uma meta como a obtenção de maior lucro, para alcançá-la poder-se-ia optar pelo aumento das vendas ou dos negócios com os clientes. Dessa forma, a ampliação da participação de mercado é o impulsionador da melhora do desempenho financeiro. Ressalta-se que os impulsionadores também são conhecidos como diferenciadores, pois atuam no processo de forma não isolada, gerando efeitos nas perspectivas financeira, do cliente, dos processos internos e do crescimento.

Infraestrutura – base material ou econômica de uma empresa ou de uma sociedade, com objetivo de oferecer à população dessa empresa ou dessa sociedade condições de pleno desenvolvimento socioeconômico.

Inovação – estabelecimento de nova função de produção para dar conta de novos produtos, ou a combinação de fatores de maneira nova, mas todos motivados pela necessidade de recuperar a taxa de lucro, que é sempre decrescente.

J

Jerry Porras – especialista em mudança organizacional. Tem auxiliado diversos clientes nos Estados Unidos, México e Argentina a melhorar sua performance organizacional, além de realizar centenas de audiências sobre administração em todo o mundo. Trabalha no corpo editorial de muitas publicações acadêmicas, incluindo o *Academy of Management Journal* e o *Journal of Organizational Change Management*. Além disso, é autor de diversos artigos e publicou dois livros sobre sucesso organizacional, *Stream analysis: a powerful new way to diagnose and manage organizational change* e o *best seller Feitos para durar: práticas bem-sucedidas de empresas visionárias*, em coautoria com Jim Collins.

Jim Collins – formado em administração de empresas e ciências matemáticas pela Universidade de Stanford e doutor honorário pela Universidade do Colorado e pela Peter F. Drucker Graduate School of Management da Claremont Graduate University. Foi professor da Universidade de Stanford, onde recebeu o Distinguished Teaching Award, em 1992. Em 1995, fundou um laboratório de gestão, em Boulder, Colorado, onde conduz pesquisas e dá consultoria a executivos dos setores empresariais e sociais, principalmente no que diz respeito à estratégia empresarial e educação corporativa. Sua pesquisa aborda temas relacionados a grandes empresas: como crescem, como alcançam uma performance superior e como se tornaram efetivamente grandes empresas.

Depois de ter investido mais de uma década em pesquisas, foi o autor ou coautor de quatro livros, incluindo o clássico *Buil to last* – publicado em português como *Feitas para durar: práticas bem-sucedidas de empresas visionárias* –, que tem sido uma constante na lista *Business Week* de *best sellers* por mais de seis anos e foi traduzido em 29 idiomas. Sua obra tem sido destaque em revistas e jornais, como *Fortune, The Wall Street Journal, Business Week, Harvard Business Review*, e *Fast Company*.

K

Kaplan – cf. Robert S. Kaplan.

L

Laura Downing – cofundadora e vice-presidente da Balanced Scorecard Collaborative. Esteve entre os primeiros consultores de prática de serviços de gerenciamento estratégico da Renaissance Worldwide e teve papel fundamental no desenvolvimento tanto do *balanced scorecard* quanto nas propostas de serviço do sistema de gerenciamento balanceado dentro da própria empresa. Faz palestras com frequência e atua como instrutora nas conferências *balanced scorecard*. Tem bacharelado em finanças pela Universidade de Georgetown e MBA pela Harvard Business School.

Logística – área da empresa que trabalha a parte de projeto e desenvolvimento, obtenção, armazenamento, transporte, distribuição, manutenção e evacuação do material para fins operativos ou administrativos.

Luiz César Barçante – professor do Centro Federal de Educação Tecnológica Celso Suckow da Fonseca, doutor em engenharia de produção pelo Instituto Alberto Luiz Coimbra de Pós-Graduação e Pesquisa de Engenharia, graduado em física pela Universidade do Estado do Rio de Janeiro. Possui experiência na área de engenharia de produção, com ênfase em garantia de controle de qualidade, jogos de empresas, atuando principalmente nos seguintes temas: qualidade total, qualidade de vida no trabalho, motivação para a qualidade e *business games*.

M

Mapa estratégico – mapa do *balanced scorecard* que explicita a hipótese da estratégia, e cada indicador se converte em parte integrante de uma cadeia lógica de causa e efeito. O mapa estratégico descreve o processo de transformação de ativos intangíveis em resultados tangíveis para os clientes e, por conseguinte, em resultados financeiros.

Matriz SWOT – ferramenta utilizada para identificar as forças e fraquezas de uma organização (fatores relacionados à posição presente) e também as ameaças e as oportunidades (fatores futuros). Normalmente, é organizada em grupo, em uma ampla discussão entre os participantes. A sigla SWOT vem das palavras em inglês *strenght, weakness, opportunities, threats* – forças, fraquezas, oportunidades, ameaças.

Medida financeira – indicador de fatores financeiros, isto é, relacionado à circulação de recursos líquidos, que serve, inclusive, para a análise de desempenho de uma organização. Apresenta informações quantitativas relacionadas, por exemplo, ao lucro líquido.

Medidas essenciais de resultados – conjunto de iniciativas propostas por Kaplan e Norton, necessárias à aplicação do *balanced scorecard* e que se relacionam aos clientes e suas exigências. As medidas essenciais são a satisfação, a fidelidade, a retenção, a captação e a lucratividade de clientes.

Medidas financeiras tradicionais – indicadores de fatores financeiros de uma organização que servem, em certa medida, para a análise de desempenho. Como exemplo, pode-se citar medidas como o retorno sobre o capital investido, o lucro operacional e a margem bruta.

Medidas tradicionais de custo – indicadores de custos bastante conhecidos e muito utilizados, responsáveis pela apresentação de informações, como custo padrão e variações, que desconsideram fatores como medidas de qualidade – aplicadas diretamente aos processos de uma organização.

Melhoria – segundo o dicionário Aurélio, significa transição para melhor estado ou condição; melhoria. Ressalta-se que uma ação de melhoria não pressupõe o alcance imediato de níveis ótimos em resultados, mas sim o alcance de um nível superior ao que se ocupava anteriormente.

Mercado – conjunto de pessoas ou empresas que, oferecendo ou procurando bens, serviços ou capitais, determinam o surgimento e as condições dessa relação.

Mercado de trabalho – segundo o dicionário Aurélio, é definido como a relação entre a oferta de trabalho e a procura de trabalhadores, em época e lugar determinados. O conjunto de pessoas ou empresas que, em época e lugar determinados, provocam o surgimento e as condições dessa relação.

Michael Porter – doutor em economia empresarial pela Universidade de Harvard, conhecido como a principal autoridade mundial em estratégia de competitividade e competitividade internacional. Possui experiência como professor de administração de empresas da Harvard Business School e como assessor sênior de várias das principais empresas americanas e internacionais. Realiza *workshops* sobre competitividade para o setor privado global e estudos econômicos importantes para o setor público. Promove palestras para um público composto por membros de empresas e governos.

Missão – razão de existir de uma organização que constitui seus valores e objetivos. É um compromisso estabelecido que deverá ser cumprido. A missão faz parte da estratégia e é uma importante ajuda para a unificação e motivação dos membros de uma entidade.

N

Norton – cf. David P. Norton.

O

Objetivo – algo em cuja direção o trabalho deve ser orientado; posição estratégica a ser alcançada; resultado a ser obtido; produto ou serviço a ser realizado. Diz-se daquilo que se pretende alcançar quando se realiza uma ação.

Objetivos estratégicos – resultados quantitativos e qualitativos que a organização buscará em prazo determinado (considerando seu ambiente) para cumprir sua missão. Esses objetivos estabelecem a direção, mostrando o que é prioritário sob as perspectivas financeira, dos clientes, dos processos internos, do aprendizado e do crescimento.

Oportunidade – chance, momento que deve ser aproveitado; oferta.

Oportunidades/ameaças para a empresa – fatores externos à organização que a impactam de forma negativa (ameaças) ou positiva (oportunidades).

Otimização – ato de identificar e implementar a melhor forma de conduzir, com qualidade, tarefas ou processos de uma empresa.

Outcome – resultado ou efeito de uma ação ou evento.

P

Paulo Roberto de Mendonça Motta – PhD e mestre em administração pública pela University of North Carolina (Estados Unidos). Bacharel em administração pela Ebape/FGV. Consultor de empresas e de instituições públicas e internacionais como a ONU, o Banco Interamericano de Desenvolvimento e o Instituto Internacional de Empresas Públicas (Iugoslávia). Professor visitante da Universidade de Manchester (Inglaterra); do HEC Management (França); da Universidade de Macau (China); e do Instituto Nacional de Administração (Portugal). Conferencista e consultor em diversos países. Autor de livros e artigos publicados no Brasil e no exterior.

Plano de ação – resultado do processo de planejamento operacional, é composto por uma série de providências e tarefas a serem efetuadas. As providências são devidamente priorizadas e listadas por ordem cronológica. Deve constar também o responsável pela execução, o prazo ou a data limite para sua conclusão e os recursos necessários.

Plano de negócios/*business plan* – resultado tangível do processo de aplicação de uma metodologia de planejamento estratégico. Também é chamado de plano estratégico ou *business plan*. A melhor metodologia para desenvolvê-lo é aquela projetada de acordo com as variáveis específicas do estágio em que se encontra a empresa em seu processo estratégico e do ambiente competitivo em que a empresa trabalha. É importante mesclar uma equipe interna da empresa com consultores externos para gerar sinergia e harmonia das idiossincrasias, maneiras diferentes que cada pessoa tem de perceber e reagir em relação aos pontos trabalhados no processo.

Plano estratégico – resultado do processo de planejamento estratégico.

Porras – cf. Jerry Porras.

Porter – cf. Michael Porter.

Portfólio – conjunto de projetos, programas ou outros trabalhos agrupados a fim de facilitar o gerenciamento eficaz desse trabalho e atender aos objetivos de negócios estratégicos.

Prêmio Nacional da Qualidade (PNQ) – reconhecimento, na forma de um troféu, à excelência na gestão das organizações sediadas no Brasil. O prêmio busca promover: amplo entendimento dos requisitos para alcançar a excelência do desempenho e, portanto, a melhoria da competitividade; ampla troca de informações sobre métodos e sistemas de gestão que alcançaram sucesso e sobre os benefícios decorrentes da utilização dessas estratégias.

Processos internos – atividades empreendidas no interior da organização que se apresentam como um diferencial (gerando vantagem competitiva) e que tornam possível a realização da identificação das necessidades e a satisfação dos clientes. Os processos internos são importantíssimos e vitais, pois são elementos que permitem o alcance dos objetivos definidos pela estratégia.

Processos internos críticos – atividades desenvolvidas no interior de uma organização que viabilizam desde a identificação das necessidades até a satisfação de clientes. Caracterizam-se pelo alto impacto sobre o público-alvo, sendo elementos-chave para a empresa.

Proposta de valor – maneira pela qual uma organização deseja ser vista no mercado, isto é, forma pela qual ela espera ser conhecida e reconhecida. Assim sendo, representa o objetivo de uma organização. As propostas de valor também podem se relacionar a produtos ou serviços. Dessa forma, seriam as vantagens e as utilidades de tais elementos apresentadas aos clientes.

R

Receita dos objetivos financeiros – conjunto de recursos monetários ou renda de uma empresa, cuja origem é o sucesso no alcance dos objetivos financeiros da mesma.

Receita por funcionário – tipo de medida do nível de produtividade dos funcionários de uma empresa. Trata-se, especificamente, da relação entre a receita operacional e o número de funcionários, verificando o volume de produção gerado por cada um.

Relatório mensal de variação – descrição ou levantamento do custo de cada mês como o processo de produção de uma mercadoria ou serviço, a fim de se avaliar a oscilação do custo padrão.

Renda – importância recebida por pessoa ou entidade, seguindo determinada periodicidade, como forma de remuneração por trabalho, operações comerciais, investimentos, entre outros. Também entendido como resultado financeiro da aplicação de capitais.

Resultado financeiro – panorama final da situação financeira de uma entidade, cuja apuração se dá por meio da comparação entre o saldo inicial disponível e o saldo final em determinado período. Apresenta o lucro líquido, isto é, o retorno em relação ao patrimônio líquido médio do exercício ao qual se refere.

Robert N. Anthony – professor emérito de controle de gestão na Harvard Business School. Exerceu a função de diretor das empresas Warnaco, Inc. e Carborundum Company, além de prestar consultoria para uma série de outras companhias, incluindo American Telephone & Telegraph, Company; General Mills, General Motors Corporation e Union Pacific Railroad. Autor ou coautor de 27 livros, entre eles, *Management control systems* e *Essentials of accounting*. Faleceu em dezembro de 2006.

Robert S. Kaplan – bacharel e mestre em engenharia elétrica pelo Massachussets Institute of Technology (MIT) e PhD em operações de

Pesquisa pela Universidade de Cornell. Em seu currículo, encontra-se sua atuação como professor de desenvolvimento de liderança na Escola de Administração da Universidade Harvard. Uniu-se à Harvard em 1984, após passar 16 anos na Faculdade de Administração Industrial (GSIA), da Universidade Carnegie-Mellon, onde foi decano de 1977 a 1983.

Rummler – cf. Geary Rummler.

S

Schneiderman – cf. Arthur Schneiderman.

Scorecard **corporativo** – ferramenta utilizada na gestão estratégica que permite uma avaliação do desempenho de uma organização. Busca o alinhamento das unidades de negócios e dos recursos financeiros e físicos aos valores, às crenças e à estratégia global da empresa. Por meio da implantação de um *scorecard* corporativo promove-se a sinergia entre todas as unidades de negócio, gerando maior valor para a empresa.

Segmento de mercado – grupo de consumidores ou público-alvo específico, ao qual será direcionada uma parte das atividades da empresa – oferta de um produto ou serviço, etc.

Sistema de gestão – planejamento das atividades da organização para que se atinjam suas metas e objetivos.

Sistema de informação – gerenciamento sistêmico do fluxo de dados em uma organização e entre seus parceiros, estruturado e eficaz, para auxiliar no planejamento, na implementação e no controle de todos os processos.

Sponsor – executivo patrocinador das mudanças dentro da empresa.

Stakeholders/**partes interessadas** – grupo interessado no negócio da empresa, como:

- acionistas esperando retorno de investimento;
- funcionário interessado em remuneração adequada e desafios;
- clientes interessados em qualidade e preço no produto ou serviço comprado;
- comunidade interessada no zelo ambiental;
- governo interessado em mais postos de trabalho e recolhimento de impostos.

Os *stakeholders* podem ser:

- internos – colaboradores, proprietários, entre outros;
- externos – grupos de influência.

T

Tempo de ciclo – período necessário para que um operador complete um ciclo ou uma etapa de trabalho, isto é, tempo percorrido antes da repetição do processo.

São essenciais para a tomada de decisões em um projeto e para a análise das atividades desenvolvidas.

U

Unidade estratégica de negócios (UEN) – subsistema organizacional, proposto inicialmente por Ansoff, que possui um mercado, um conjunto de concorrentes e uma missão distintos dos outros da empresa, podendo, portanto, ser planejado independentemente dos outros negócios da organização. Surgiu como uma forma de atender às novas necessidades estratégicas organizacionais, sendo responsável pela subdivisão da realidade dos negócios da organização.

V

Vale – maior empresa de mineração diversificada das Américas e líder mundial no mercado de minério de ferro e pelotas. Presente em 14 estados brasileiros e em cinco continentes, opera mais de 9 mil quilômetros de malha ferroviária e 10 terminais portuários próprios. Passou por uma mudança de marca, por meio da qual deixou de ser Companhia Vale do Rio Doce e tornou-se, simplesmente, Vale.

Valor econômico – fator relacionado à importância e às características dos processos econômicos desenvolvidos por uma organização. Constitui-se a partir da interação entre diversos valores, tais como o valor de uso (utilidade de um bem para seu detentor), valor de mercado (valor pelo qual determinada empresa poderia ser negociada no mercado) e *goodwill* (ativo intangível resultante da valorização da empresa, como a reputação).

Valores – segundo Paulo Roberto de Mendonça Motta,[60] valores colaboram na construção da consistência organizacional, do sentido de missão e do consenso entre participantes de um processo de trabalho. Valores compartilhados procuram conceder aos dirigentes e funcionários de uma instituição um sentido comum além dos objetivos a atingir. Aliados à missão, valores são atrativos à gerência: inspiram harmonia e formam a base consensual para a criação de uma nova visão organizacional.

Vantagem competitiva – procedimento que confere um diferencial à empresa diante do mercado, por exemplo: preservar a lealdade do cliente, atrair novos consumidores, manter os produtos atualizados e com ciclos de vida cada vez menores, e direcionar os gastos dentro de sua organização e fora dela, com os fornecedores.

Vijay Govindarajan – professor da Tuck School of Business, da Dartmouth University, e autor dos *best sellers Os 10 mandamentos da inovação estratégica, The quest for global dominance* e *Strategic cost management*. Considerado um dos maiores especialistas em estratégia

---

[60] MOTTA, Paulo Roberto. *Transformação organizacional*: a teoria e a prática de inovar. Rio de Janeiro: Qualitymark, 1997.

do momento, ocupa o cargo de *chief innovation consultant* da General Electric. Presta consultoria também para empresas como Boeing, British Telecom, Ford, Hewlett-Packard, J.P. Morgan Chase, *The New York Times*, Sony, Home Depot, Johnson & Johnson e Wal-Mart.

Visão empresarial – resumo dos objetivos, metas, aspirações e filosofias da empresa. A visão tem de funcionar como a personalidade da empresa.

Visão estratégica – arte de explorar condições favoráveis, visando alcançar objetivos específicos. Em outras palavras, busca analisar as situações de forma a tornar possível a concretização do ideal.

Visão sistêmica – modo de pensar a respeito dos sistemas e de seus componentes, descrevendo-os em função de um objetivo global. Permite às organizações que cada parte do conjunto que compõe o objetivo global seja adequadamente definida, controlada e avaliada.

X

Xerox – empresa estadunidense que atua no setor de tecnologia da informação e documentação. É mundialmente conhecida como a inventora da fotocopiadora, embora também desenvolva e fabrique outros produtos, como impressora e papel.

Autoavaliações – Gabaritos e comentários

Módulo I – Criação e execução da estratégia

Questão 1:

Gabarito: b

a) o determinado setor é mais segmentado.
b) muitos distribuidores escoam produção do setor.
c) a escassez de matéria-prima no setor é muito grande.
d) empresas do setor operam em forma de licenciamento.

Comentários:

A presença de muitos distribuidores que trabalham no escoamento da produção do setor de atividade possibilita que um novo entrante tenha maior possibilidade de conseguir distribuir, aumentando, portanto, a ameaça.

Questão 2:

Gabarito: d

a) traduzir a estratégia, avaliar estratégia, analisar a lucratividade, executar processos e desenvolver orçamento.
b) ouvir o mercado, perceber as necessidades, avaliar operações, avaliar estratégias, analisar o ambiente, planejar e resolver.
c) monitorar o ambiente, melhorar processos-chave, alinhar unidades e pessoas, desenvolver um mapa estratégico, testar e adaptar.
d) desenvolver a estratégia, traduzir a estratégia e alinhar a organização, planejar as operações, monitorar e aprender, testar e adaptar.

Comentários:

Uma estratégia, para produzir resultados, precisa ser executada com êxito. Para tanto, é necessário observar as etapas do sistema gerencial, que são desenvolver a estratégia, traduzir a estratégia e alinhar a organização, planejar as operações, monitorar e aprender, testar e adaptar.

Questão 3:

Gabarito: d

a) clientes, de marketing, de recursos humanos e de fornecedores.
b) processos externos, financeira, de clientes, de educação e crescimento.
c) processo, de fornecedor, de treinamento, de clientes externos e internos.
d) clientes, de processos internos, financeira, de aprendizado e crescimento.

Comentários:

As quatro perspectivas originais do *balanced scorecard* são: financeira, de clientes externos, de processos internos e de aprendizado e crescimento. Com o passar dos anos, o *balanced scorecard* tornou-se, para muitas empresas, um sistema de desdobramento da estratégia que oferece aprendizado estratégico, da estratégia que é implantada.

Questão 4:

Gabarito: a

a) a escassez de mão de obra é uma fraqueza da empresa.
b) as condições de trabalho adversas constituem uma fraqueza da empresa.
c) a excelente qualidade dos produtos da empresa constitui uma força da empresa.
d) o mercado pesqueiro com demanda crescente é uma oportunidade para a empresa.

Comentários:

Considerando a matriz SWOT, a escassez de mão de obra é uma ameaça à empresa e não uma fraqueza, uma vez que resulta de uma circunstância externa.

Questão 5:

Gabarito: c

a) estratégico, com objetivos distribuídos em três perspectivas.
b) de procedimentos, com o objetivo se sobrepondo às perspectivas.
c) **estratégico, com objetivos agrupados em pelo menos quatro perspectivas.**
d) de procedimentos, com objetivos de esclarecer como a estratégia é operacionalizada.

Comentários:

O primeiro passo para a criação de um *balanced scorecard* é o desenvolvimento do mapa estratégico, cujo ponto inicial são os objetivos estratégicos determinados para cada perspectiva – financeira, dos clientes, dos processos internos e do aprendizado e crescimento.

Questão 6:

Gabarito: c

a) as dívidas são uma fraqueza da empresa.
b) a marca Burger King é uma força para a empresa.
c) **a crise norte-americana é uma oportunidade para o Burger King.**
d) a perda de mercado para os concorrentes é uma fraqueza da empresa.

Comentários:

A crise norte-americana é um fator externo desfavorável à empresa, logo é uma ameaça para a Burger King e não uma oportunidade.

Questão 7:

Gabarito: a

a) a quebra de equipamento como coação, a qual a empresa não pode ignorar.
b) preços tabelados pelo governo, reduzindo o grau de liberdade da empresa.
c) uma possível greve de funcionários, que prejudicaria o trabalho da empresa.
d) o incentivo às exportações como oportunidade que a empresa deve explorar.

Comentários:

A SWOT considera fatores externos e internos, com efeito positivo ou negativo, que podem influenciar as ações da organização na busca pela vantagem competitiva. A quebra de um equipamento como uma coação representa um fator interno e negativo, constituindo uma fraqueza e não uma imposição coercitiva do ambiente externo.

Questão 8:

Gabarito: c

a) global.
b) sociocultural.

c) **demográfico.**
d) macroeconômico.

Comentários:

Esses fatores representam a dimensão demográfica, ou seja, referem-se às características da população sob o ponto de vista geográfico, étnico ou etário. Portanto, tratamos do ambiente externo demográfico.

Questão 9:

Gabarito: c

a) valores e missão.
b) missão e valores.
c) **missão e visão estratégica.**
d) valores e visão estratégica.

Comentários:

A missão está relacionada ao modo como a empresa pretende seguir para atingir o desempenho futuro, que é expresso pela visão estratégica.

Questão 10:

Gabarito: d

a) deixa claro como a estratégia é operacionalizada em termos de ações.
b) explica como a estratégia é operacionalizada em projetos estruturadores.
c) é o primeiro passo para a criação do BSC, desenvolvendo o painel estratégico.
d) **nota o papel de objetivos para obter um ou mais objetivos de mesma ou de perspectiva adjacente.**

Comentários:

O mapa estratégico ajuda a compreender a estratégia, porém não deixa claro como a estratégia é operacionalizada em termos de ações ou projetos estruturadores. Essa é uma função dos painéis estratégicos.

Módulo II – Perspectivas do *balanced scorecard*

Questão 1:

Gabarito: b

a) aprendizado estratégico.
b) medidas de desempenho.
c) alinhamento empresarial.
d) medidas financeiras tradicionais.

Comentários:

Apesar de o sistema – com o qual Kaplan entrou em contato – conter medidas financeiras tradicionais, havia medidas de desempenho relativas a prazos de entrega ao cliente, qualidade e ciclo do processo de produção, assim como eficácia no desenvolvimento de novos produtos.

Questão 2:

Gabarito: c

a) independentes em relação à estratégia da organização.
b) separadas de uma cadeia de relações de causa e efeito.
c) meta principal para objetivos e medidas das demais perspectivas.
d) ignoradas, para alcançar objetivos e medidas de outras perspectivas.

Comentários:

Qualquer medida selecionada deve fazer parte de uma cadeia de relações de causa e efeito, deve estar alinhada com a estratégia para que seja obtida a melhoria do desempenho financeiro. Os objetivos e as medidas financeiras devem cumprir papel duplo, definindo o desempenho financeiro esperado da estratégia e servindo de meta principal para os objetivos e as medidas de todas as outras perspectivas do BSC.

Questão 3:

Gabarito: a

a) **crescimento, sustentação e colheita.**
b) crescimento vertical, morte e inovação.
c) crescimento horizontal e crescimento vertical.
d) morte, sustentação do processo e colheita da maturidade.

Comentários:

Kaplan e Norton analisam os objetivos financeiros, dividindo-os em crescimento (fase inicial do ciclo de vida), sustentação (fase de atrair investimentos e reinvestimentos) e colheita (fase de maturidade).

Questão 4:

Gabarito: c

a) independe de alguma relação com a execução da estratégia.
b) tem contemplado o ciclo de inovação e a geração de novos produtos.
c) **indica se a execução da estratégia melhora os resultados financeiros.**
d) oculta as metas finais para os objetivos das outras perspectivas do BSC.

Comentários:

A perspectiva financeira deve indicar se a implementação e a execução da estratégia estão contribuindo para a melhoria dos resultados financeiros. Não adianta implementar uma estratégia, trabalhar os processos e as pessoas na organização se isso não for refletido no resultado financeiro, mesmo que seja uma instituição sem fins lucrativos.

Questão 5:

Gabarito: d

a) propostas de valor com as ondas longas de valor.
b) objetivos de curto prazo com a proposta de valor.
c) processos sem a identificação da proposta de valor.
d) identificação de propostas de valor dirigidas a segmentos.

Comentários:

A perspectiva do cliente permite à organização alinhar as medidas essenciais de resultados relacionadas aos clientes, como satisfação, fidelidade, retenção, captação e lucratividade, com segmentos específicos de clientes e de mercado. Essa perspectiva também permite identificar e avaliar as propostas de valor dirigidas aos segmentos. Tais propostas impulsionarão as medidas essenciais de resultados dessa perspectiva.

Questão 6:

Gabarito: d

a) medidas estratégicas e diferenciadores de clientes.
b) medidas operacionais e diferenciadores estratégicos.
c) grupos de medidas básicas e impulsionadores de desempenho.
d) grupos de medidas essenciais e impulsionadores de resultados.

Comentários:

O primeiro conjunto de medidas é o grupo de medidas essenciais. Esse conjunto contém medidas que praticamente todas as organizações utilizam. O segundo contém impulsionadores, diferenciadores, dos resultados proporcionados aos clientes. Os impulsionadores consideram propostas de valor que a organização buscará oferecer a seus segmentos específicos de clientes e mercado.

Questão 7:

Gabarito: d

a) seleção, retenção, relacionamento, participação e captação de clientes.
b) prejuízos, seleção, retenção, relacionamento e lucratividade de clientes.
c) participação de mercado, relacionamento, lucratividade e prejuízos de clientes.
d) participação de mercado, retenção, captação, satisfação e lucratividade de clientes.

Comentários:

O grupo de medidas essenciais pode aparentar ser, a princípio, genérico a todas as organizações. No entanto, isso deve ser feito para grupos específicos de clientes. A unidade de negócio espera obter seu maior crescimento e lucratividade com tais grupos.

Questão 8:

Gabarito: b

a) atributos dos produtos e dos clientes.
b) atributos dos produtos e dos serviços.
c) reputação, imagem e atributos dos produtos.
d) reputação e relacionamento com fornecedores.

Comentários:

Um princípio básico das organizações deve ser o oferecimento de valor ao cliente. As organizações devem identificar medidas que agregam valor ao cliente. Elas devem perceber a imagem e a cultura do cliente, por meio do segmento de mercado em que atuam e pelo relacionamento que mantêm com ele.

Questão 9:

Gabarito: a

a) **inovação, operações e serviço de pós-venda.**
b) operações, serviço de pós-venda e delegação.
c) agregação de valor, serviço de pós-venda e inovação.
d) delegação, agregação de valor e serviço de pós-venda.

Comentários:

A fim de gerar valor para os clientes e de produzir resultados financeiros, cada organização usa um conjunto específico de processos. Uma cadeia genérica é usada como modelo para esses processos. Esse modelo inclui inovação, operações e serviço pós-venda. Dessa forma, a organização não enfoca somente a operação, mas a inovação, buscando o diferencial competitivo.

Questão 10:

Gabarito: d

a) do cliente.
b) financeira.
c) de processos internos.
d) **do aprendizado e crescimento.**

Comentários:

Essa perspectiva sinaliza para o desenvolvimento de objetivos e medidas que orientem o aprendizado e o crescimento da organização.

Módulo III – Construção do *balanced scorecard*

Questão 1:

Gabarito: d

a) básicos e gerais.
b) especiais e específicos.
c) genéricos e específicos.
d) básicos e diferenciadores.

Comentários:

Os atributos básicos são aqueles que são oferecidos, em um determinado mercado, por todos os competidores. Os atributos diferenciadores são aqueles reconhecidos pelos clientes e que caracterizam um posicionamento único de valor.

Questão 2:

Gabarito: c

a) fornece uma representação deficiente dos objetivos estratégicos.
b) estabelece uma representação visual da estrutura da organização.
c) sua construção é orientada pelas quatro perspectivas originais do BSC.
d) sua construção é orientada por duas perspectivas – financeira e dos clientes.

Comentários:

De acordo com Kaplan e Norton, a construção do mapa estratégico é orientada, pelo menos, pelas quatro perspectivas originais do *balanced scorecard*: financeira, clientes, processos internos, aprendizado e crescimento.

Questão 3:

Gabarito: b

a) exemplo de mapa de valor.
b) exemplo de mapa estratégico.
c) modelo de mapa de procedimentos.
d) modelo de orçamento para ações estratégicas.

Comentários:

A figura apresentada representa o exemplo de um mapa estratégico. Nesse mapa, os objetivos são organizados segundo as perspectivas do *balanced scorecard* e são apresentadas as relações de causa e efeito esperadas.

Questão 4:

Gabarito: d

a) estratégico e um orçamento.
b) de valor e um mapa estratégico.
c) de valor e um painel estratégico.
d) estratégico e um painel estratégico.

Comentários:

A primeira figura representa o exemplo de um mapa estratégico, no qual os objetivos são organizados segundo as perspectivas do *balanced scorecard* e apresentadas as relações de causa e efeito esperadas. A segunda figura representa o exemplo de um painel estratégico, no qual são apresentados os objetivos, os indicadores, os alvos e as ações para cada objetivo de determinada perspectiva.

Questão 5:

Gabarito: a

a) **financeiros.**
b) operacionais.
c) de desempenho.
d) de responsabilidade social.

Comentários:

Kaplan e Norton acreditavam que as medidas tomadas mediante somente indicadores financeiros prejudicariam a capacidade da organização de ser flexível e de criar valor econômico para o futuro.

Questão 6:

Gabarito: c

a) a utilização do BSC pode proporcionar foco, motivação e responsabilidade.
b) o sucesso do BSC é medido pelo grau de eficiência e eficácia para atender a necessidades de participantes e clientes.
c) **o uso do BSC seria inadequado nesses casos, uma vez que toda a sua estrutura é montada a partir de objetivos financeiros.**
d) as metas da perspectiva financeira se relacionam com a limitação dos gastos e sua compatibilidade com orçamentos prévios.

Comentários:

Embora o BSC possua a perspectiva financeira como uma das perspectivas originais, sendo desenvolvido e aplicado inicialmente em organizações com fins lucrativos, as perspectivas podem ser alteradas em função da situação. A perspectiva financeira pode ser substituída por uma perspectiva de custos, por exemplo.

Questão 7:

Gabarito: b

a) indicador de desempenho é a métrica usada para quantificar a eficiência ou eficácia da ação.
b) **indicador de desempenho é um processo usado para quantificar a eficiência e eficácia da ação.**
c) sistema de medição de desempenho são indicadores para quantificar eficiência e eficácia de ações.
d) processo metodológico precisa acompanhar um indicador, para que o responsável realize a medição.

Comentários:

Um indicador de desempenho não é um processo em si, mas sim uma métrica que possibilita quantificar a eficiência ou eficácia de uma ação ou processo.

Questão 8:

Gabarito: a

a) **financeira.**
b) dos clientes.
c) de processos internos.
d) de aprendizado e crescimento.

Comentários:

A construção do mapa estratégico é orientada pelas seguintes premissas:

- perspectiva financeira – foco no sucesso financeiro e nos acionistas;
- perspectiva do cliente – foco na visão e nos clientes;

- perspectiva de processos internos – foco na visão e na sustentação da capacidade de mudar e melhorar;
- perspectiva de aprendizado e crescimento – foco na satisfação de acionistas e clientes, e na sustentação de habilidades de aperfeiçoamento e mudança.

Questão 9:

Gabarito: b

a) proporciona visão estrutural dos objetivos alcançados e das metas de longo prazo.
b) favorece a visualização da relação de causa e efeito entre os objetivos selecionados.
c) fornece representação mental da estrutura da organização e dos processos desenvolvidos.
d) estabelece relação diretamente proporcional entre objetivos alcançados e estratégia utilizada.

Comentários:

O conjunto de objetivos estratégicos prioritários que compõem o mapa estratégico é um conjunto integrado que descreve, consistentemente, a estratégia. Portanto, esses não são objetivos isolados.

Questão 10:

Gabarito: d

a) o mapa estratégico deve conter entre cinco e 10 objetivos no total.
b) a perspectiva financeira concentra maior quantidade de objetivos.

c) os estudos mostram um predomínio de objetivos e medidas financeiras.
d) **a perspectiva operacional apresenta quantidade maior de objetivos no mapa.**

Comentários:

Estudos mostram que uma quantidade maior de objetivos e indicadores não é fácil de ser gerenciada e utilizada pelos gerentes. Adicionalmente, que cerca de 80% dos indicadores não são financeiros e que a perspectiva operacional possui cerca de 50% a mais de indicadores que as demais.

Módulo IV – Operacionalização da estratégia

Questão 1:

Gabarito: a

a) o alinhamento das unidades de negócio.
b) o desdobramento da estratégia em planos.
c) as pessoas e as unidades de apoio e negócio.
d) os planos operacionais em unidades de apoio.

Comentários:

Os estágios para os quais a coalizão orientadora deve partir devem seguir a seguinte ordem:

- alinhamento das unidades de negócio;
- unidades de apoio e pessoas;
- desdobramento da estratégia em planos das unidades de negócio e planos operacionais.

Questão 2:

Gabarito: d.

a) a falta de popularidade do chefe da unidade de negócio.
b) o desdobramento do mapa estratégico para unidades de apoio.
c) a desintegração da estratégia da corporação com a unidade de negócio.
d) o desconhecimento da estratégia ou a incompreensão dos colaboradores.

Comentários:

O processo de alinhamento das pessoas envolve as seguintes barreiras principais – falta de compreensão ou desconhecimento da estratégia por parte dos empregados, sistemas de incentivo ligados apenas ao desempenho tático e adoção apenas de objetivos táticos.

Questão 3:

Gabarito: b

a) descreve como pôr em prática o *balanced scorecard*.
b) **pretende expor, visualmente, as relações de causa e efeito.**
c) gerencia projetos estruturadores apresentados em painéis estratégicos.
d) propõe por onde a instituição deve iniciar sua jornada de implementação.

Comentários:

Na realidade, apresentar de forma visual as relações de causa e efeito é uma característica do mapa estratégico, não do plano de ação.

Questão 4:

Gabarito: a

a) **vertical, desenvolvido a partir de indicadores iguais de unidades diferentes.**
b) horizontal, desenvolvido a partir de indicadores iguais de unidades diferentes.
c) vertical, desenvolvido a partir de indicadores diferentes de unidades diferentes.
d) horizontal, desenvolvido a partir de indicadores diferentes de unidades diferentes.

Comentários:

A organização poderá adotar um indicador composto no processo de integração vertical. Isso ocorre se os objetivos de diferentes unidades de negócio forem definidos de tal forma que seus respectivos indicadores sejam iguais em termos de equação.

Questão 5:

Gabarito: d

a) os indicadores de desempenho.
b) os mapas estratégicos da unidade.
c) a existência de uma estratégia de negócio.
d) a existência de uma estratégia corporativa clara.

Comentários:

A existência de uma estratégia corporativa clara permite que a unidade de negócio compreenda sua contribuição para o alcance dos objetivos organizacionais.

Questão 6:

Gabarito: b

a) o diálogo entre unidades de apoio e unidades de negócio favorece a capacitação de seus colaboradores.
b) as unidades de apoio e de negócio operam em sinergia para favorecer a estratégia da organização como um todo.
c) as unidades de negócio oferecem propostas de valor capazes de atrair e reter clientes em segmentos-alvo de mercado.
d) a consecução de objetivos em unidades de negócio e de apoio favorece a consecução dos objetivos da organização.

Comentários:

O processo de integração pode, por exemplo, estar representado na integração dos objetivos. Dessa forma, tanto as unidades de negócio quanto as unidades de apoio precisariam adotar um objetivo comum, caso contrário o processo pode deixar de funcionar em uma das unidades.

Questão 7:

Gabarito: a

a) **unidades de negócio, unidades de apoio e pessoas.**
b) estratégia de negócio, objetivos estratégicos e iniciativas.
c) estratégia de negócio, unidades de apoio e objetivos da organização.
d) objetivos da organização, indicadores de desempenho e investimentos.

Comentários:

No processo de alinhamento da organização, temos de alinhar as unidades de negócio, alinhar as unidades de apoio e alinhar as pessoas que trabalham na organização. Em muitos desses casos, muitas barreiras são impostas no processo de alinhamento.

Questão 8:

Gabarito: c

a) estratégia de negócio.
b) indicador de desempenho.
c) **estratégia de alinhamento.**
d) indicador do ambiente corporativo.

Comentários:

É necessário realizar um plano de comunicação identificando o público-alvo, o veículo de comunicação, a forma e o conteúdo. O BSC é uma ferramenta que possibilita a comunicação estratégica. Uma das razões da implantação de uma solução de BSC por uma organização é a comunicação de sua estratégia.

Questão 9:

Gabarito: c

a) estratégicos, técnicos e gerenciais.
b) gerenciais, financeiros e estratégicos.
c) **técnicos, administrativos e pedagógicos.**
d) financeiros, administrativos e educacionais.

Comentários:

O processo de elaboração que envolve esses aspectos estabelece um balanceamento entre a responsabilidade individual e o compromisso coletivo. O plano de ação é uma ferramenta importante no processo de desdobramento, organização e execução da estratégia.

Questão 10:

Gabarito: c

a) da matriz SWOT.
b) de ferramentas de BI.
c) **da ferramenta 5W2H.**
d) de técnicas de gerenciamento.

Comentários:

A ferramenta 5W2H significa:

- *What* – O que será feito? – etapas;
- *Who* – Quem fará o quê? – responsabilidade;
- *When* – Quando será feito o quê? – tempo;
- *Where* – Onde será feito o quê? – local;
- *Why* – Por que será feito o quê? – justificativa;
- *How* – Como será feito o quê? – método;
- *How much* – Quanto custará o quê? – custo.

Bibliografia comentada

BARBIERI, Carlos. *BI*: business intelligence, modelagem & tecnologia. Rio de Janeiro: Axcel Books do Brasil, 2001.

> Barbieri, em seu livro, aponta que a adoção de BI, *e-business, customer relationship management* (CRM), logística e outras tecnologias traz também algumas perguntas sobre como medir a capacidade de alavancar negócios e preparar a empresa para novos tempos.

HAMEL, G.; PRAHALAD, C. K. *Competing for the future*: breakthrough strategies for seizing control of your industry and creating the markets of tomorrow. Boston: Harvard Business School Press, 1994.

> Nesse livro, os autores mostram como os executivos podem trabalhar com as rotinas da reestruturação e da reengenharia, desenvolver uma capacidade proativa necessária para moldar a organização em seu processo de evolução, desenvolver uma intenção estratégica capaz de mobilizar a organização no processo de mudança, descobrir maneiras para alavancar recursos e entender as fronteiras da imaginação corporativa, bem como revitalizar os processos da criação de novos negócios.

KAPLAN, R. S.; NORTON, D. P. Measuring performance in the organization of the future. *Harvard Business Review*, Boston, 1990.

> Esse artigo é o primeiro de Kaplan e Norton, e apresenta os conceitos iniciais que contribuíram para a evolução da metodologia do *balanced scorecard*.

_____. The balanced scorecard: measures that drive performance. *Harvard Business Review*, Boston, MA, p. 71-79, jan./fev. 1992.

Nesse artigo, Kaplan e Norton apresentam a metodologia do *balanced scorecard* como um sistema de medição organizado em quatro perspectivas – financeira, do cliente, interna, e de inovação e aprendizado.

_____. Putting the balanced scorecard to work. *Harvard Business Review*, Boston, MA, p. 134-147, set./out. 1993.

Nesse artigo, os autores apresentam o *balanced scorecard* como ferramenta importante para o alinhamento estratégico da organização e descrevem a importância da escolha das medidas baseadas no sucesso estratégico.

_____. *A estratégia em ação*: balanced scorecard. Rio de Janeiro: Campus, 1997.

Nesse livro, Kaplan e Norton demonstram como os executivos podem utilizar o *balanced scorecard* para mobilizar toda a empresa no rumo de seus objetivos estratégicos. Os autores revelam também como o *balanced scorecard* pode-se tornar um sólido sistema de aprendizado, capaz de testar, obter *feedback* e atualizar a estratégia organizacional. O livro apresenta uma metodologia para que os executivos de qualquer empresa possam criar seus próprios *balanced scorecards*.

_____. *Organização orientada para a estratégia*: como as empresas que adotam o balanced scorecard prosperam no novo ambiente de negócios. Rio de Janeiro: Campus, 2000.

Nesse livro, os autores compartilham os resultados de 10 anos de aprendizado e pesquisa em mais de 200 empresas que implementaram o *balanced scorecard*. Os autores apresentam o relato detalhado de como uma gama de organizações dos setores privado, público e sem fins lucrativos aplicou esses princípios para alcançar níveis constantes de desempenho.

_____. *Mapas estratégicos*: convertendo ativos intangíveis em resultados tangíveis. Tradução de: Afonso Celso da Cunha Serra. Rio de Janeiro: Elsevier, 2004.

Esse livro apresenta várias contribuições importantes, tais como um padrão que descreve os componentes básicos de como se cria valor nas perspectivas de processos internos, e de aprendizado e crescimento; temas, baseados nos processos que criam valor, capazes de esclarecer a dinâmica da estratégia e um novo arcabouço para descrever, medir e alinhar os três ativos intangíveis da perspectiva de aprendizado e crescimento (capital humano, capital informacional e capital organizacional) com os processos e objetivos estratégicos da perspectiva dos processos internos.

_____. *A execução premium*: a obtenção de vantagem competitiva através do vínculo da estratégia com as operações do negócio. Rio de Janeiro: Elsevier, 2008.

Nesse livro, Kaplan e Norton mostram que as empresas usuárias de sistemas formais para a execução consistente da estratégia superam o desempenho das concorrentes. Fornece o elo há tanto tempo procurado entre planejamento e execução, e o equilíbrio das tensões entre eles. O uso de mapas estratégicos e do *balanced scorecard* em casos bem descritos demonstra tanto o brilho da abordagem quanto a utilidade dessas ferramentas para todos os gestores, inclusive para os situados no topo da pirâmide.

KOTTER, John. *Implementando sistemas de business intelligence*. In: _____. Processos Internos – IBM, 1999.

Esse artigo mostra a importância do BI dentro dos processos internos de uma organização, auxiliando na informação, ou seja, transformando dados em informação.

Autores

Maria Candida Torres é mestre em pesquisa operacional pelo Instituto Militar de Engenharia (IME). Possui MBA com reconhecimento pela Universidade de Tampa (Flórida, Estados Unidos). Engenheira industrial pelo Centro Federal de Educação Tecnológica (Cefet). É autora dos livros *Estratégia de empresas*, pela Editora FGV, e *Administração estratégica das organizações públicas*, pela editora Conceito Editorial; coautora dos livros *Administração estratégica: conceitos, roteiro prático e casos*, pela editora Reichmann & Affonso Editores, e *Administração estratégica: conceitos, roteiro prático e casos*, pela editora Insular, juntamente com Alexandre Pavan Torres; e *Gestão estratégica*, pela editora Lidel em Portugal. É consultora de empresas nas áreas de gestão empresarial e de pessoas, em empresas de pequeno, médio e grande portes, e professora dos cursos de pós-graduação do Programa FGV Management da Fundação Getulio Vargas e do Programa MBA da Universidade Federal do Rio de Janeiro (UFRJ).

Alexandre Pavan Torres é doutor em inteligência organizacional pela Universidade Federal de Santa Catarina (UFSC), mestre em planejamento de transportes pela Universidade Federal do Rio de Janeiro (Coppe/UFRJ), engenheiro industrial pelo Cefet. É coautor dos livros *Administração estratégica: conceitos, roteiro prático e casos*, pela editora Reichmann & Affonso Editores, e *Administração estratégica: conceitos, roteiro prático e casos*, pela editora Insular, juntamente com Maria Candida Torres. É ainda coautor do curso a distância Controladoria pelo FGV Online, juntamente com Betovem Coura, e professor em cursos de pós-graduação do Programa FGV Management da Fundação Getulio Vargas.

FGV Online

Missão

Desenvolver e gerenciar tecnologias, metodologias e soluções específicas de educação a distância, sob a responsabilidade acadêmica das escolas e dos institutos da FGV, no âmbito nacional e internacional, liderando e inovando em serviços educacionais de qualidade.

Visão

Ser referência internacional na distribuição de produtos e serviços educacionais inovadores e de alta qualidade na educação a distância.

Cursos oferecidos

O FGV Online oferece uma grande variedade de tipos de cursos, desde atualizações até especializações e MBA:

- cursos de atualização;
- cursos de aperfeiçoamento;
- graduação;
- MBAs e cursos de especialização;
- soluções corporativas;
- cursos gratuitos (OCWC).

Cursos de atualização

Os cursos de atualização de 30 a 60 horas visam atender ao mercado de educação continuada para executivos. Professores-tutores – capacitados em educação a distância e especialistas na área em que atuam –

orientam os participantes. Vídeos, animações e jogos didáticos auxiliam a apreensão dos conteúdos apresentados nos cursos.

Os cursos de atualização são destinados aos interessados em rever e aprimorar suas atividades profissionais, além de interagir com profissionais da área. São cursos práticos que podem ser aplicados em seu dia a dia rapidamente. Para a realização dos cursos, é recomendável já ter cursado uma graduação.

Os cursos de atualização do FGV Online são veiculados, essencialmente, via internet. A utilização de diversos recursos multimídia fomenta a busca de informações, a reflexão sobre elas e a reconstrução do conhecimento, além de otimizar a interação dos alunos entre si e com o professor-tutor, responsável pelo suporte acadêmico à turma.

O curso tem duração aproximada de nove semanas.

Cursos de aperfeiçoamento

Os cursos de aperfeiçoamento de 120 a 188 horas são voltados para a formação e o desenvolvimento de competências gerenciais estratégicas com ênfases em áreas do conhecimento específicas. Para a realização dos cursos de aperfeiçoamento, é recomendável já ter cursado uma graduação.

Graduação

Os Cursos Superiores de Tecnologia a distância são cursos de graduação direcionados a profissionais que pretendam se apropriar de novas ferramentas e técnicas de gestão.

Considerando que, nos mercados competitivos, só sobrevivem as empresas que contam com a criatividade, a flexibilidade e a eficácia de seus colaboradores, os Cursos Superiores de Tecnologia visam atender tanto às organizações que buscam qualificar seus executivos quanto aos que não conseguem dar continuidade a sua formação, seja por falta de tempo para participar de cursos presenciais, seja porque não existem, na cidade em que residem, instituições de ensino superior.

Os Cursos Superiores de Tecnologia são diplomados pela Escola Brasileira de Administração Pública e de Empresas da Fundação Getulio

Vargas (Ebape/FGV). O diploma dos Cursos Superiores de Tecnologia, realizados a distância, contempla as mesmas especificações e tem idêntico valor ao dos diplomas das graduações presenciais.

MBAs e cursos de especialização

Tendo como pré-requisito o diploma de graduação, os MBAs e cursos de especialização a distância destinam-se a executivos que desejam se especializar em suas áreas de atuação, aliando conhecimento e *networking* profissional para acompanhar as frequentes mudanças no competitivo mercado de trabalho.

A metodologia do curso contempla, além do trabalho com diferentes ferramentas de internet, encontros presenciais, realizados em polos espalhados por todas as regiões do Brasil.

As disciplinas do curso são elaboradas por professores da FGV, enquanto os professores-tutores discutem o conteúdo, orientam atividades e avaliam trabalhos dos alunos no ambiente virtual de aprendizagem, via internet.

Os MBAs e cursos de especialização do FGV Online têm, no mínimo, 360 horas, e apresentam opções em diversas áreas de conhecimento:

- MBA Executivo em Administração de Empresas com ênfase em Gestão;
- MBA Executivo em Administração de Empresas com ênfase em Meio Ambiente;
- MBA Executivo em Administração de Empresas com ênfase em Recursos Humanos;
- MBA Executivo em Direito Empresarial;
- MBA Executivo em Direito Público;
- MBA Executivo em Finanças com ênfase em *Banking*;
- MBA Executivo em Finanças com ênfase em Controladoria e Auditoria;
- MBA Executivo em Finanças com ênfase em Gestão de Investimentos;
- MBA Executivo em Gestão e *Business Law*;
- MBA Executivo em Gestão Pública;
- MBA Executivo em Marketing;
- Especialização em Administração Judiciária;
- Especialização em Gestão da Construção Civil;

- Especialização em Gestão de Pequenas e Médias Empresas;
- Especialização em Negócios para Executivos – GVnext.

O MBA Executivo em Administração de Empresas é certificado, pela European Foundation for Management Development (EFMD), com o selo CEL, que avalia e certifica a qualidade dos programas das escolas de negócios.

Além dessas opções, o FGV Online possui dois MBAs internacionais: o MBA Executivo Internacional em Gerenciamento de Projetos (em parceria com a University of California – Irvine) e o Global MBA (em parceria com a Manchester Business School), que são programas destinados a executivos, empreendedores e profissionais liberais que, precisando desenvolver suas habilidades gerenciais, querem uma exposição internacional sem precisar sair do país.

Soluções corporativas

Definidas em parceria com o cliente, as soluções corporativas do FGV Online possibilitam que os colaboradores da empresa – lotados em diferentes unidades ou regiões, no país ou no exterior – tenham acesso a um único programa de treinamento ou de capacitação.

É possível ter, em sua empresa, todo o conhecimento produzido pelas escolas e unidades da FGV, na forma de educação a distância (*e-learning*). São soluções e produtos criados pela equipe de especialistas do FGV Online, com o objetivo de atender à necessidade de aprendizado no ambiente empresarial e nas universidades corporativas.

Os cursos corporativos do FGV Online são acompanhados por profissionais que, responsáveis pelo relacionamento empresa-cliente, elaboram todos os relatórios, de modo a registrar tanto todas as etapas do trabalho quanto o desempenho dos participantes do curso.

Cursos gratuitos (OCWC)

A Fundação Getulio Vargas é a primeira instituição brasileira a ser membro do OpenCourseWare Consortium (OCWC), um consórcio de instituições de ensino de diversos países que oferecem conteúdos e materiais didáticos sem custo, pela internet.

O consórcio é constituído por mais de 300 instituições de ensino de renome internacional, entre elas a Escola de Direito de Harvard, o Instituto de Tecnologia de Massachusetts (MIT), a Universidade da Califórnia (Irvine) e o Tecnológico de Monterrey, entre outras, provenientes de 215 países.

Atualmente, o FGV Online oferece mais de 40 cursos gratuitos – há programas de gestão empresarial, de metodologia de ensino e pesquisa, cursos voltados a professores de ensino médio, um *quiz* sobre as regras ortográficas da língua portuguesa, entre outros –, sendo alguns deles já traduzidos para a língua espanhola. A carga horária dos cursos varia de cinco a 30 horas.

Membro do OCWC desde julho de 2008, o FGV Online venceu, em 2011, a primeira edição do OCW People's Choice Awards – premiação para as melhores iniciativas dentro do consórcio –, na categoria de programas mais inovadores e de vanguarda. Em 2012, o FGV Online venceu, pelo segundo ano consecutivo, dessa vez na categoria de recursos mais envolventes.

Para saber mais sobre todos os cursos do FGV Online e fazer sua inscrição, acesse <www.fgv.br/fgvonline>.